BRIAN GAGG

WORTSUCHRÄTSEL 3 in 1 SAMMELBAND

REITSPORT, RADSPORT und SCHACH

Bibliografische Information der Deutschen Nationalbibliothek:
Die Deutsche Nationalbibliothek verzeichnet diese Publikation in der Deutschen Nationalbibliografie; detaillierte bibliografische Daten sind im Internet über http://dnb.dnb.de abrufbar.

Herstellung und Verlag: BoD – Books on Demand, Norderstedt
ISBN: 9783755700852

Inhaltsangabe Seite

Einleitung

Auf den folgenden Seiten finden sich thematisch sortierte Wortsuchrätsel.
Um ein Wortsuchrätsel zu lösen, müssen alle jeweils aufgelisteten Worte in der darüber befindlichen Buchstabenmatrix gefunden werden. Ist ein Wort gefunden, sollte es mit einem Stift umkreist und das gefundene Wort aus der Liste gestrichen werden. Sind alle Worte aus der Liste gefunden, ist das Rätsel gelöst. Bei Schwierigkeiten ein Rätsel zu lösen, kann die Lösung jeweils auf der Rückseite nachgeschaut werden. Die zu findenden Worte sind jeweils als ganzes (d.h. immer nur in einer Richtung und ungebrochen) in der Matrix nach folgenden Regeln versteckt:

- Suchworte können sich überlagern, d.h. ein Buchstabenkästchen kann von mehreren Suchworten genutzt sein.

- Worte können vorwärts, rückwärts, horizontal, vertikal oder diagonal in der Matrix versteckt sein.

- Suchworte stehen für sich alleine und sind unter- oder nebeneinander aufgelistet.

T H R G R K H J U A E W B A K P K Z C
H N P Z W U M W S U E I K Z L M A I S
N E P J S R E V N E R D A M J L L J V
K T E O M F F H C I U E U D M S I Y H
E I N T Q C X P P Q I R X S Z E C C V
M E Z R G G O I V S S R H W N U A Z T
Z R N P R R Q Z E T Y I O U S D H L I
E T W P M L R A G W T S L M R K M N M
V S I K E D A K U Y V T T E R B R K W
Q N B I N Y F C T E A H N K S C J F Y
D U E N G P D Q O P X O T U L W V R B
P K O N Z S N R I B I E G V Q C N T R
Q R A K X F F E F R K H Y Q K K W Z E
B W B E K I T R U G R E T N I H Y A D
H B F T L H A N D A R B E I T G M G O
V H H T Z A F W R S B V J I T A V M H
Q D M E N O V Q V Y A X O D F H L G E
I Y J G J P C V A R Z R L A Q R O T R
R M P M S P H N E C K R E I N I N G Y
O Q C F S Q N K Z G F D H W P A N Q Q
Q A X H I H N J L O Z W N X P A Y U G
H A N U B E D Q W Q W D P F P E Q F D
E W T W E P D C V K B W Y X K G I U Y
C E F A G W F G F B X V M F L F M U C

1

KINNKETTE
HANDARBEIT
HINTERGURT
RENVERS
CADRENOIR
KUNSTREITEN
DERBY
GEBISS
NECKREINING
WIDERRISTHOEHE

Lösung

T	H	R	G	R	K	H	J	U	A	E	W	B	A	K	P	K	Z	C
H	N	P	Z	W	U	M	W	S	U	E	I	K	Z	L	M	A	I	S
N	E	P	J	S	R	E	V	N	E	R	D	A	M	J	L	L	J	V
K	T	E	O	M	F	F	H	C	I	U	E	U	D	M	S	I	Y	H
E	I	N	T	Q	C	X	P	P	Q	I	R	X	S	Z	E	C	C	V
M	E	Z	R	G	G	O	I	V	S	S	R	H	W	N	U	A	Z	T
Z	R	N	P	R	R	Q	Z	E	T	Y	I	O	U	S	D	H	L	I
E	T	W	P	M	L	R	A	G	W	T	S	L	M	R	K	M	N	M
V	S	I	K	E	D	A	K	U	Y	V	T	T	E	R	B	R	K	W
Q	N	B	I	N	Y	F	C	T	E	A	H	N	K	S	C	J	F	Y
D	U	E	N	G	P	D	Q	O	P	X	O	T	U	L	W	V	R	B
P	K	O	N	Z	S	N	R	I	B	I	E	G	V	Q	C	N	T	R
Q	R	A	K	X	F	F	E	F	R	K	H	Y	Q	K	K	W	Z	E
B	W	B	E	K	I	T	R	U	G	R	E	T	N	I	H	Y	A	D
H	B	F	T	L	H	A	N	D	A	R	B	E	I	T	G	M	G	O
V	H	H	T	Z	A	F	W	R	S	B	V	J	I	T	A	V	M	H
Q	D	M	E	N	O	V	Q	V	Y	A	X	O	D	F	H	L	G	E
I	Y	J	G	J	P	C	V	A	R	Z	R	L	A	Q	R	O	T	R
R	M	P	M	S	P	H	N	E	C	K	R	E	I	N	I	N	G	Y
O	Q	C	F	S	Q	N	K	Z	G	F	D	H	W	P	A	N	Q	Q
Q	A	X	H	I	H	N	J	L	O	Z	W	N	X	P	A	Y	U	G
H	A	N	U	B	E	D	Q	W	Q	W	D	P	F	P	E	Q	F	D
E	W	T	W	E	P	D	C	V	K	B	W	Y	X	K	G	I	U	Y
C	E	F	A	G	W	F	G	F	B	X	V	M	F	L	F	M	U	C

P K H L Q X N X W D S S E B O P A T Q
Y Z K H D P Z F Z K L T X A D R L D R
T T K E V H J T I X R R Z B G E C G C
Z N V C C J R Q N E N H Y E P T L M K
E A C K P M C N G S E N L H R E I T K
A M C S Y B J R D U W A E B E U L T T
V J W K I X U L A N E L L K T L C X D
C C Q V K S A L E N T N C A F B Q O C
D O G X S G V J D B U C R I L T L V R
B S Q E F D X E P P S S N W A L L Y H
X E R M Q X F S E E J T R Y H A Q I M
A D I X J A S X C Y U L U Y T K Z T U
O F N A H G Q E V H E M O L I N I L H
Q H H R E U N U F F W H E V E T C B I
D P E F I Q Z Y J D Q U N M R H R M B
Y N A U G R R Z H Y S S N I U K O K U
G Z E V O R M V W W H I F G B S H N I
G Z Q J O N E T I E R E D N E A L E G
A L N B M A L R N A S E N R I E M E N
D A Q D J X C M M K J B T H H Q J P Y
J M Y G L G A T K V S B M A H L E P T
M A E H N E N K A M M E H I C U I G V
N R X C P W K B G N I T N I R P M I V
O I E A V V L W T B D Z O H B M Y W M

MAEHNENKAMM
KALTBLUETER
REITHALFTER
IMPRINTING
GELAENDEREITEN

NASENRIEMEN
GELAENDEFAHREN
SCHWUNG
PELHAM
DRESSURGERTE

Lösung

P K H L Q X N X W D S S E B O P A T Q
Y Z K H D P Z F Z K L T X A D R L D R
T T K E V H J T I X R R Z B G E C G C
Z N V C C J R Q N E N H Y E P T L M K
E A C K P M C N G S E N L H R E I T K
A M C S Y B J R D U W A E B E U L T T
V J W K I X U L A N E L L K T L C X D
C C Q V K S A L E N T N C A F B Q O C
D O G X S G V J D B U C R I L T L V R
B S Q E F D X E P P S S N W A L L Y H
X E R M Q X F S E E J T R Y H A Q I M
A D I X J A S X C Y U L U Y T K Z T U
O F N A H G Q E V H E M O L I N I L H
Q H H R E U N U F F W H E V E T C B I
D P E F I Q Z Y J D Q U N M R H R M B
Y N A U G R R Z H Y S S N I U K O K U
G Z E V O R M V W W H I F G B S H N I
G Z Q J O N E T I E R E D N E A L E G
A L N B M A L R N A S E N R I E M E N
D A Q D J X C M M K J B T H H Q J P Y
J M Y G L G A T K V S B M A H L E P T
M A E H N E N K A M M E H I C U I G V
N R X C P W K B G N I T N I R P M I V
O I E A V V L W T B D Z O H B M Y W M

N	A	O	H	K	U	G	R	J	A	O	K	Y	Z	S	T	Y	D	A
X	P	Q	Z	I	S	F	A	B	E	D	L	K	I	D	N	A	W	G
W	N	N	G	K	S	W	Q	P	C	F	V	J	U	J	Q	Z	O	T
E	Z	B	M	V	F	B	L	U	H	O	N	I	E	S	L	B	T	F
S	T	O	W	L	L	E	S	H	C	E	W	P	P	O	L	A	G	B
J	M	P	L	O	E	P	B	A	J	U	K	X	P	T	C	R	G	N
O	E	D	Y	Q	I	H	T	B	G	G	M	B	X	V	A	Q	G	E
A	J	Q	T	B	B	T	T	N	Y	B	H	C	R	I	E	Y	H	W
D	Q	J	F	D	V	Y	I	I	N	J	L	B	F	J	K	H	O	B
F	H	Y	C	D	F	F	A	C	E	E	E	R	R	E	N	U	C	P
D	U	E	O	F	B	X	Y	I	T	R	T	D	Q	M	E	Y	H	P
V	K	O	G	U	N	M	V	T	E	N	L	X	S	B	P	S	W	Q
T	M	M	Q	Z	O	E	A	C	D	C	O	B	E	S	K	P	E	B
Z	D	U	U	P	L	S	N	I	W	E	V	X	N	P	Y	J	I	A
S	T	Q	P	A	N	W	Z	K	D	U	T	K	K	O	W	H	T	O
E	C	B	M	E	Z	T	W	I	H	Z	A	Y	T	R	W	I	S	Q
S	R	E	M	R	W	P	E	C	L	G	R	W	I	E	D	V	P	R
E	J	A	L	J	E	W	P	X	Q	H	D	A	P	N	K	Z	R	F
K	D	E	Z	G	E	I	G	A	F	X	A	Z	G	D	A	L	U	J
U	Y	V	Q	D	Y	Z	T	U	K	K	U	L	Y	T	Q	N	N	O
E	L	Z	R	O	X	E	Q	S	W	U	Q	I	W	D	S	W	G	S
R	V	E	Y	J	B	Y	Q	V	T	N	M	F	A	D	H	O	X	P
Y	F	U	I	O	Y	N	G	H	A	I	I	P	J	C	H	H	Q	F
P	V	U	P	S	F	V	X	E	Q	R	L	B	Z	H	F	J	O	X

GALOPPWECHSEL
KUER
PFERDEWEIDE
QUADRATVOLTE
REITSTIL

SPOREN
HOCHWEITSPRUNG
REITHELM
KAPPZAUM
DAMENSATTEL

Lösung

N A O H K U G R J A O K Y Z S T Y D A
X P Q Z I S F A B E D L K I D N A W G
W N N G K S W Q P C F V J U J Q Z O T
E Z B M V F B L U H O N I E S L B T F
S T O W L L E S H C E W P P O L A G B
J M P L O E P B A J U K X P T C R G N
O E D Y Q I H T B G G M B X V A Q G E
A J Q T B B T T N Y B H C R I E Y H W
D Q J F D V Y I I N J L B F J K H O B
F H Y C D F F A C E E E R R E N U C P
D U E O F B X Y I T R T D Q M E Y H P
V K O G U N M V T E N L X S B P S W Q
T M M Q Z O E A C D C O B E S K P E B
Z D U U P L S N I W E V X N P Y J I A
S T Q P A N W Z K D U T K K O W H T O
E C B M E Z T W I H Z A Y T R W I S Q
S R E M R W P E C L G R W I E D V P R
E J A L J E W P X Q H D A P N K Z R F
K D E Z G E I G A F X A Z G D A L U J
U Y V Q D Y Z T U K K U L Y T Q N N O
E L Z R O X E Q S W U Q I W D S W G S
R V E Y J B Y Q V T N M F A D H O X P
Y F U I O Y N G H A I I P J C H H Q F
P V U P S F V X E Q R L B Z H F J O X

L	D	M	H	K	S	F	O	J	U	C	F	E	T	P	C	U	L	I
E	T	K	A	Q	V	C	T	N	H	R	T	A	G	Q	V	C	N	O
G	F	E	I	C	S	T	A	G	Z	V	R	M	Q	L	C	O	L	H
E	C	B	Z	X	O	E	S	T	F	A	B	L	V	C	U	Y	D	F
U	J	A	V	A	D	G	A	V	I	R	H	E	A	T	I	K	D	E
Z	G	H	J	K	F	L	Z	E	O	T	G	T	M	Y	Q	C	C	O
E	T	E	M	G	P	J	Z	S	W	E	T	T	A	C	X	M	T	Z
D	Y	G	A	T	M	P	U	Z	E	O	D	A	V	O	N	Y	S	K
N	M	R	I	L	P	N	E	P	E	I	T	S	C	H	E	V	A	B
I	S	E	A	A	W	O	G	Y	L	G	R	R	N	U	T	C	C	N
B	R	I	S	X	G	H	E	P	D	Z	U	U	E	B	I	D	U	Z
S	I	N	Y	A	G	K	L	C	P	P	R	S	M	K	E	U	Y	C
U	B	O	R	L	M	P	F	M	H	S	U	S	E	K	R	T	I	O
A	V	P	D	T	Z	O	U	T	M	B	G	E	I	X	D	R	E	N
X	D	M	E	Z	T	N	E	K	Q	U	F	R	R	Q	G	W	A	W
R	V	I	T	H	U	J	H	V	H	Z	A	D	G	T	A	O	W	T
B	J	K	F	U	P	I	R	X	E	R	H	B	I	C	J	M	U	G
I	T	H	I	N	C	U	U	O	T	L	M	B	E	K	I	U	F	D
Q	S	M	Q	S	X	T	N	U	O	H	H	J	T	S	E	M	K	V
T	A	W	X	H	V	O	G	B	G	H	B	V	S	N	K	P	I	V
X	S	Z	H	O	Z	D	E	M	A	N	B	Z	F	Z	X	Z	M	R
S	M	U	U	P	X	B	W	K	Y	X	R	X	U	O	M	L	E	Y
Z	K	Q	F	N	K	D	N	H	X	Z	X	R	A	I	W	Z	X	V
J	M	D	T	X	Y	N	E	Z	N	A	Y	S	X	N	I	O	B	V

ZUEGELFUEHRUNG
AUSBINDEZUEGEL
ANZEN
PEITSCHE
INOUT

JAGDREITEN
AUFSTEIGRIEMEN
REITPLATZ
DRESSURSATTEL
IMPONIERGEHABE

Lösung

L D M H K S F O J U C F E T P C U L I

E T K A Q V C T N H R T A G Q V C N O

G F E I C S T A G Z V R M Q L C O L H

E C B Z X O E S T F A B L V C U Y D F

U J A V A D G A V I R H E A T I K D E

Z G H J K F L Z E O T G T M Y Q C C O

E T E M G P J Z S W E T T A C X M T Z

D Y G A T M P U Z E O D A V O N Y S K

N M R I L P N E P E I T S C H E V A B

I S E A A W O G Y L G R R N U T C C N

B R I S X G H E P D Z U U E B I D U Z

S I N Y A G K L C P P R S M K E U Y C

U B O R L M P F M H S U S E K R T I O

A V P D T Z O U T M B G E I X D R E N

X D M E Z T N E K Q U F R R Q G W A W

R V I T H U J H V H Z A D G T A O W T

B J K F U P I R X E R H B I C J M U G

I T H I N C U U O T L M B E K I U F D

Q S M Q S X T N U O H H J T S E M K V

T A W X H V O G B G H B V S N K P I V

X S Z H O Z D E M A N B Z F Z X Z M R

S M U U P X B W K Y X R X U O M L E Y

Z K Q F N K D N H X Z X R A I W Z X V

J M D T X Y N E Z N A Y S X N I O B V

U	G	F	U	V	K	C	D	H	C	J	N	A	N	X	T	H	T	W
R	Q	N	H	H	R	G	W	N	K	A	D	R	K	Q	T	Y	Q	A
U	N	Z	I	E	C	U	L	Q	F	S	I	H	X	L	M	I	A	L
L	H	A	V	R	N	E	L	H	O	F	Z	P	S	X	W	P	P	K
V	G	V	N	E	L	G	Z	Q	C	F	M	M	G	P	O	C	T	C
W	X	O	P	C	F	A	S	Y	N	L	X	X	A	Q	E	J	E	Q
Y	S	F	X	Q	K	M	G	T	M	W	M	R	J	U	J	T	B	Z
V	N	R	N	K	K	Z	P	N	Z	F	R	D	J	M	Y	U	Y	P
K	E	E	B	U	Q	M	Z	W	I	I	E	X	N	Z	Y	T	Y	Y
K	N	L	K	C	W	O	P	J	E	T	L	V	D	R	E	L	L	S
V	N	L	F	P	G	M	V	R	A	O	R	E	W	H	S	Y	Q	D
P	E	B	S	K	M	E	E	V	N	T	G	A	C	U	G	Z	K	S
V	R	J	W	M	A	N	R	G	M	E	N	S	M	T	I	R	R	W
N	E	M	L	M	Y	J	I	A	N	H	A	G	A	Y	M	O	G	R
V	D	Y	Z	K	I	E	J	I	D	T	P	I	A	F	F	E	L	E
Q	R	T	V	A	R	H	C	J	L	E	L	E	X	U	T	T	F	J
R	E	J	M	E	U	K	N	E	D	J	R	X	Q	X	Z	Y	F	B
K	F	S	N	R	R	V	T	K	D	M	R	I	C	D	E	B	A	A
C	P	T	F	I	Q	T	B	A	E	U	K	A	C	D	N	L	S	U
O	J	J	E	C	A	P	A	D	M	K	I	K	P	H	K	F	E	P
W	C	M	I	S	H	P	Q	M	V	P	L	T	D	F	T	S	P	B
S	E	I	Q	G	J	P	N	R	L	W	W	B	P	W	Q	U	O	L
N	F	E	W	C	Z	R	S	H	F	Z	R	C	D	V	O	U	N	R
R	H	S	Z	D	I	A	R	Y	S	H	A	W	D	V	A	V	O	G

SATTELTASCHE
MARTINGALRING
FOHLEN
GERADERICHTUNG
GENICKRIEMEN

PIAFFE
PFERDERENNEN
HENGST
PARRIEREN
LONGIEREN

Lösung

U	G	F	U	V	K	C	D	H	C	J	N	A	N	X	T	H	T	W
R	Q	N	H	H	R	G	W	N	K	A	D	R	K	Q	T	Y	Q	A
U	N	Z	I	E	C	U	L	Q	F	S	I	H	X	L	M	I	A	L
L	H	A	V	R	N	E	L	H	O	F	Z	P	S	X	W	P	P	K
V	G	V	N	E	L	G	Z	Q	C	F	M	M	G	P	O	C	T	C
W	X	O	P	C	F	A	S	Y	N	L	X	X	A	Q	E	J	E	Q
Y	S	F	X	Q	K	M	G	T	M	W	M	R	J	U	J	T	B	Z
V	N	R	N	K	K	Z	P	N	Z	F	R	D	J	M	Y	U	Y	P
K	E	E	B	U	Q	M	Z	W	I	I	E	X	N	Z	Y	T	Y	Y
K	N	L	K	C	W	O	P	J	E	T	L	V	D	R	E	L	L	S
V	N	L	F	P	G	M	V	R	A	O	R	E	W	H	S	Y	Q	D
P	E	B	S	K	M	E	E	V	N	T	G	A	C	U	G	Z	K	S
V	R	J	W	M	A	N	R	G	M	E	N	S	M	T	I	R	R	W
N	E	M	L	M	Y	J	I	A	N	H	A	G	A	Y	M	O	G	R
V	D	Y	Z	K	I	E	J	I	D	T	P	I	A	F	F	E	L	E
Q	R	T	V	A	R	H	C	J	L	E	L	E	X	U	T	T	F	J
R	E	J	M	E	U	K	N	E	D	J	R	X	Q	X	Z	Y	F	B
K	F	S	N	R	R	V	T	K	D	M	R	I	C	D	E	B	A	A
C	P	T	F	I	Q	T	B	A	E	U	K	A	C	D	N	L	S	U
O	J	J	E	C	A	P	A	D	M	K	I	K	P	H	K	F	E	P
W	C	M	I	S	H	P	Q	M	V	P	L	T	D	F	T	S	P	B
S	E	I	Q	G	J	P	N	R	L	W	W	B	P	W	Q	U	O	L
N	F	E	W	C	Z	R	S	H	F	Z	R	C	D	V	O	U	N	R
R	H	S	Z	D	I	A	R	Y	S	H	A	W	D	V	A	V	O	G

I	D	Q	U	S	I	D	E	P	U	L	L	I	O	B	G	W	Z	B
H	Y	R	J	L	J	V	L	U	O	L	K	I	C	D	W	Z	L	I
P	S	H	E	X	Y	N	J	U	L	M	Z	A	Q	K	S	D	U	X
T	B	R	X	F	W	S	L	N	J	K	S	Q	V	S	J	Z	V	J
Q	E	W	J	E	P	F	Z	G	Q	L	G	Z	Q	C	I	J	P	H
A	A	D	P	N	L	H	R	O	R	M	F	P	O	M	I	T	H	T
T	W	E	D	Q	G	O	C	G	T	W	T	F	T	L	G	O	Q	Y
K	V	R	D	K	C	L	I	S	R	P	H	E	T	C	K	L	C	A
T	O	X	W	B	B	F	W	R	T	D	O	R	W	O	H	A	L	W
F	K	N	C	S	N	M	S	W	P	U	G	D	S	F	A	G	E	K
G	W	U	R	I	F	E	L	A	T	A	K	E	A	Z	U	W	I	R
Q	Q	F	J	N	K	B	R	W	Z	N	K	D	U	Y	Z	R	N	V
A	U	H	D	K	Q	U	U	E	H	J	R	E	L	O	W	E	E	O
P	Z	B	B	P	P	X	G	L	I	X	X	C	C	E	K	N	N	C
H	E	T	T	E	B	R	U	O	C	G	T	K	X	W	E	N	A	X
I	U	F	V	I	V	C	W	H	X	A	I	E	C	I	F	S	U	O
O	G	C	S	I	A	Q	Q	F	U	R	Z	T	T	N	Y	A	G	U
Y	M	S	N	Y	R	E	T	E	U	L	B	B	L	A	H	T	E	X
S	X	C	A	Z	F	E	D	V	G	D	M	S	G	O	G	T	P	B
G	V	L	J	Q	E	V	P	G	C	A	S	S	U	P	V	E	J	Z
N	E	F	U	B	J	X	V	P	S	C	L	I	X	K	K	L	D	Y
P	Z	J	M	D	R	E	F	P	T	H	C	U	Z	U	D	R	X	F
Y	J	V	T	N	Z	J	Y	B	Z	I	Q	H	Y	Y	O	T	J	B
L	D	N	Z	Y	G	E	A	E	C	P	A	R	G	H	C	Y	I	Y

HALBBLUETER
ZUCHTPFERD
COURBETTE
PFERDEDECKE
KUTSCHPFERD

LEINENAUGE
VOLTIGIEREN
RENNSATTEL
KAPRIOLE
SIDEPULL

Lösung

I D Q U S I D E P U L L I O B G W Z B
H Y R J L J V L U O L K I C D W Z L I
P S H E X Y N J U L M Z A Q K S D U X
T B R X F W S L N J K S Q V S J Z V J
Q E W J E P F Z G Q L G Z Q C I J P H
A A D P N L H R O R M F P O M I T H T
T W E D Q G O C G T W T F T L G O Q Y
K V R D K C L I S R P H E T C K L C A
T O X W B B F W R T D O R W O H A L W
F K N C S N M S W P U G D S F A G E K
G W U R I F E L A T A K E A Z U W I R
Q Q F J N K B R W Z N K D U Y Z R N V
A U H D K Q U U E H J R E L O W E E O
P Z B B P P X G L I X X C C E K N N C
H E T T E B R U O C G T K X W E N A X
I U F V I V C W H X A I E C I F S U O
O G C S I A Q Q F U R Z T T N Y A G U
Y M S N Y R E T E U L B B L A H T E X
S X C A Z F E D V G D M S G O G T P B
G V L J Q E V P G C A S S U P V E J Z
N E F U B J X V P S C L I X K K L D Y
P Z J M D R E F P T H C U Z U D R X F
Y J V T N Z J Y B Z I Q H Y Y O T J B
L D N Z Y G E A E C P A R G H C Y I Y

J	X	O	L	U	S	Y	R	C	S	C	M	R	G	J	B	R	P	K
B	G	F	J	Y	V	O	S	F	I	V	Y	P	E	Z	K	J	Y	X
T	N	J	A	L	D	C	N	K	R	E	I	T	G	E	R	T	E	H
D	F	R	Z	P	Q	J	A	Q	G	N	N	I	O	N	D	T	L	K
D	D	F	G	E	X	K	Z	X	G	G	V	Q	G	D	M	T	O	E
G	W	N	E	T	I	E	R	G	N	I	R	P	S	W	C	W	N	M
N	M	C	F	L	Z	I	A	F	C	Q	V	D	Q	G	J	D	C	X
W	A	P	E	C	R	Q	R	B	W	J	R	B	Y	Z	A	M	S	E
K	M	H	Y	M	D	C	L	I	O	A	I	L	X	Q	X	F	O	N
Y	I	L	Q	Z	V	Q	X	G	V	U	F	J	V	D	U	T	B	Q
Y	S	T	E	I	G	B	U	E	G	E	L	K	F	X	D	R	L	Z
P	T	V	V	S	Z	U	P	Z	C	Q	H	H	U	W	U	O	B	B
O	H	I	X	L	B	T	S	G	A	M	A	S	C	H	E	N	R	D
W	D	I	P	R	B	F	J	O	C	K	E	Y	O	V	A	D	S	A
E	I	N	O	H	R	Z	A	U	M	V	B	B	X	Z	K	Y	O	K
Q	M	K	N	H	B	T	W	T	J	V	I	A	P	I	T	V	S	Y
L	U	P	Z	S	I	E	W	S	U	A	R	E	T	I	E	R	M	F
O	K	D	M	U	P	U	Z	H	C	E	C	H	R	T	T	G	O	A
A	R	K	O	A	P	F	E	R	D	E	G	E	S	C	H	I	R	R
M	C	R	L	F	Z	I	A	H	F	D	P	P	O	F	L	B	O	N
K	Q	E	R	Q	A	B	O	D	E	N	A	R	B	E	I	T	S	M
F	U	E	H	R	A	N	L	A	G	E	Q	C	I	B	O	X	Y	J
R	U	V	E	T	U	P	G	F	K	S	R	Q	K	P	D	N	A	G
U	Z	W	L	A	T	O	B	O	E	W	E	P	M	V	O	A	K	C

GAMASCHEN
SPRINGREITEN
BODENARBEIT
PFERDEGESCHIRR
JOCKEY

FUEHRANLAGE
REITGERTE
EINOHRZAUM
STEIGBUEGEL
REITERAUSWEIS

Lösung

J	X	O	L	U	S	Y	R	C	S	C	M	R	G	J	B	R	P	K
B	G	F	J	Y	V	O	S	F	I	V	Y	P	E	Z	K	J	Y	X
T	N	J	A	L	D	C	N	K	R	E	I	T	G	E	R	T	E	H
D	F	R	Z	P	Q	J	A	Q	G	N	N	I	O	N	D	T	L	K
D	D	F	G	E	X	K	Z	X	G	G	V	Q	G	D	M	T	O	E
G	W	N	E	T	I	E	R	G	N	I	R	P	S	W	C	W	N	M
N	M	C	F	L	Z	I	A	F	C	Q	V	D	Q	G	J	D	C	X
W	A	P	E	C	R	Q	R	B	W	J	R	B	Y	Z	A	M	S	E
K	M	H	Y	M	D	C	L	I	O	A	I	L	X	Q	X	F	O	N
Y	I	L	Q	Z	V	Q	X	G	V	U	F	J	V	D	U	T	B	Q
Y	S	T	E	I	G	B	U	E	G	E	L	K	F	X	D	R	L	Z
P	T	V	V	S	Z	U	P	Z	C	Q	H	H	U	W	U	O	B	B
O	H	I	X	L	B	T	S	G	A	M	A	S	C	H	E	N	R	D
W	D	I	P	R	B	F	J	O	C	K	E	Y	O	V	A	D	S	A
E	I	N	O	H	R	Z	A	U	M	V	B	B	X	Z	K	Y	O	K
Q	M	K	N	H	B	T	W	T	J	V	I	A	P	I	T	V	S	Y
L	U	P	Z	S	I	E	W	S	U	A	R	E	T	I	E	R	M	F
O	K	D	M	U	P	U	Z	H	C	E	C	H	R	T	T	G	O	A
A	R	K	O	A	P	F	E	R	D	E	G	E	S	C	H	I	R	R
M	C	R	L	F	Z	I	A	H	F	D	P	P	O	F	L	B	O	N
K	Q	E	R	Q	A	B	O	D	E	N	A	R	B	E	I	T	S	M
F	U	E	H	R	A	N	L	A	G	E	Q	C	I	B	O	X	Y	J
R	U	V	E	T	U	P	G	F	K	S	R	Q	K	P	D	N	A	G
U	Z	W	L	A	T	O	B	O	E	W	E	P	M	V	O	A	K	C

K	X	X	O	B	M	H	H	Y	C	F	Q	Q	E	G	X	N	E	Z
A	C	F	M	Z	Y	R	Q	F	R	G	Y	T	L	O	M	R	U	J
G	D	P	Y	Q	U	M	N	Y	H	H	S	G	O	W	Y	G	Q	O
V	E	T	O	N	E	D	R	E	F	P	J	N	I	N	D	J	G	O
X	I	G	M	D	K	F	M	L	N	J	D	W	R	V	D	H	M	A
K	S	B	W	L	X	P	G	D	W	N	C	X	P	Y	Y	Z	T	M
S	B	G	X	B	V	E	P	S	T	A	G	R	A	Q	T	H	V	L
K	M	U	C	N	I	T	P	O	N	P	H	E	K	L	E	T	V	I
X	N	X	A	G	J	W	D	X	L	K	G	G	L	W	L	J	J	H
A	Z	T	E	J	J	N	F	U	V	E	Q	Z	I	D	U	H	V	W
D	O	M	A	C	L	A	S	I	C	A	B	G	V	C	H	F	D	A
X	W	Z	I	J	O	Y	A	S	Z	S	Z	E	B	A	C	J	K	Q
B	I	T	L	E	S	S	B	R	I	D	L	E	N	Y	S	Q	F	N
I	N	M	R	X	K	Q	L	S	B	D	O	M	T	D	T	Q	D	E
P	F	E	P	G	L	A	Z	H	U	D	I	V	V	E	I	H	G	P
C	U	F	J	L	O	N	G	R	T	Z	F	W	C	H	E	N	N	F
U	G	R	R	Y	E	D	A	T	O	L	L	A	B	B	R	Y	G	L
Q	Q	F	I	B	P	A	Y	X	E	G	U	G	B	A	C	D	K	I
C	D	H	I	N	D	E	R	N	I	S	F	A	H	R	E	N	B	C
U	P	O	O	L	G	E	W	U	I	N	K	U	M	D	C	V	T	H
V	F	H	S	W	U	B	E	C	T	R	A	U	R	D	Y	X	U	T
P	Y	U	X	V	M	S	A	E	L	G	E	M	Q	A	Z	B	B	O
C	B	O	K	I	D	Y	O	R	E	J	R	N	S	C	A	D	M	N
B	J	V	K	F	L	P	M	A	Z	L	O	I	R	F	B	L	B	K

PFERDENOTE
PFLICHT
BITLESSBRIDLE
KAPRIOLE
POLEBENDING

NENNGELD
HINDERNISFAHREN
BALLOTADE
REITSCHULE
DOMACLASICA

Lösung

K	X	X	O	B	M	H	H	Y	C	F	Q	Q	E	G	X	N	E	Z
A	C	F	M	Z	Y	R	Q	F	R	G	Y	T	L	O	M	R	U	J
G	D	P	Y	Q	U	M	N	Y	H	H	S	G	O	W	Y	G	Q	O
V	E	T	O	N	E	D	R	E	F	P	J	N	I	N	D	J	G	O
X	I	G	M	D	K	F	M	L	N	J	D	W	R	V	D	H	M	A
K	S	B	W	L	X	P	G	D	W	N	C	X	P	Y	Y	Z	T	M
S	B	G	X	B	V	E	P	S	T	A	G	R	A	Q	T	H	V	L
K	M	U	C	N	I	T	P	O	N	P	H	E	K	L	E	T	V	I
X	N	X	A	G	J	W	D	X	L	K	G	G	L	W	L	J	J	H
A	Z	T	E	J	J	N	F	U	V	E	Q	Z	I	D	U	H	V	W
D	O	M	A	C	L	A	S	I	C	A	B	G	V	C	H	F	D	A
X	W	Z	I	J	O	Y	A	S	Z	S	Z	E	B	A	C	J	K	Q
B	I	T	L	E	S	S	B	R	I	D	L	E	N	Y	S	Q	F	N
I	N	M	R	X	K	Q	L	S	B	D	O	M	T	D	T	Q	D	E
P	F	E	P	G	L	A	Z	H	U	D	I	V	V	E	I	H	G	P
C	U	F	J	L	O	N	G	R	T	Z	F	W	C	H	E	N	N	F
U	G	R	R	Y	E	D	A	T	O	L	L	A	B	B	R	Y	G	L
Q	Q	F	I	B	P	A	Y	X	E	G	U	G	B	A	C	D	K	I
C	D	H	I	N	D	E	R	N	I	S	F	A	H	R	E	N	B	C
U	P	O	O	L	G	E	W	U	I	N	K	U	M	D	C	V	T	H
V	F	H	S	W	U	B	E	C	T	R	A	U	R	D	Y	X	U	T
P	Y	U	X	V	M	S	A	E	L	G	E	M	Q	A	Z	B	B	O
C	B	O	K	I	D	Y	O	R	E	J	R	N	S	C	A	D	M	N
B	J	V	K	F	L	P	M	A	Z	L	O	I	R	F	B	L	B	K

R	T	Z	S	E	T	R	K	R	T	M	C	N	N	A	E	Y	Q	L
J	Q	P	C	E	J	V	S	V	P	Q	A	U	J	Y	L	D	F	T
T	V	F	A	H	R	S	P	O	R	T	M	H	H	T	X	O	F	F
H	U	M	E	M	T	M	V	Y	E	V	P	J	P	V	V	V	I	C
U	N	A	C	Y	M	V	M	B	I	F	A	G	A	M	A	E	R	M
T	Q	V	F	G	C	K	R	T	T	Q	G	L	W	K	U	A	G	V
R	F	D	B	U	N	V	V	M	H	K	N	Q	B	Q	J	I	N	J
J	I	J	B	H	Q	I	A	U	A	C	E	C	C	U	H	C	E	R
D	W	D	L	E	M	Z	M	K	N	I	S	R	C	M	Y	Z	N	G
R	K	C	N	T	J	P	H	N	D	K	C	E	Q	P	V	N	H	N
A	T	B	T	T	B	D	S	O	S	Z	H	L	L	P	W	J	E	U
T	K	C	O	D	D	A	P	H	C	J	U	E	C	J	W	D	A	T
Q	H	V	L	Y	T	U	Y	T	H	Y	L	A	Z	H	R	B	M	L
B	T	X	K	U	H	P	F	A	U	G	E	H	E	E	H	F	A	A
R	F	P	C	E	X	L	E	R	H	H	D	C	S	X	I	C	P	H
Z	D	Z	V	Z	C	R	D	A	E	N	M	S	K	H	T	J	G	N
R	H	X	E	N	I	P	N	M	T	S	U	E	P	S	I	I	S	E
D	J	Q	X	G	K	N	Y	Y	Z	R	N	B	J	D	U	N	K	X
V	O	N	D	L	W	X	P	I	F	G	N	X	J	G	O	A	Z	O
W	U	I	K	X	H	N	Q	A	M	W	G	D	V	E	N	S	S	B
D	V	I	K	R	A	I	H	R	H	S	Q	S	Q	D	A	L	L	U
O	L	C	H	Q	M	R	N	U	X	V	T	X	A	D	N	N	B	O
T	N	F	U	C	E	I	F	Y	O	A	U	R	H	F	I	O	U	O
B	N	E	J	N	T	N	X	K	T	Q	E	A	M	K	P	P	Z	S

REITHANDSCHUHE
BESCHAELER
BOXENHALTUNG
MARATHONKUMT
DRESSURFAHREN
PADDOCK
FAHRSPORT
CAMPAGNESCHULE
KANDARE
MAEHNENGRIFF

Lösung

R T Z S E T R K R T M C N N A E Y Q L
J Q P C E J V S V P Q A U J Y L D F T
T V F A H R S P O R T M H H T X O F F
H U M E M T M V Y E V P J P V V V I C
U N A C Y M V M B I F A G A M A E R M
T Q V F G C K R T T Q G L W K U A G V
R F D B U N V V M H K N Q B Q J I N J
J I J B H Q I A U A C E C C U H C E R
D W D L E M Z M K N I S R C M Y Z N G
R K C N T J P H N D K C E Q P V N H N
A T B T T B D S O S Z H L L P W J E U
T K C O D D A P H C J U E C J W D A T
Q H V L Y T U Y T H Y L A Z H R B M L
B T X K U H P F A U G E H E E H F A A
R F P C E X L E R H H D C S X I C P H
Z D Z V Z C R D A E N M S K H T J G N
R H X E N I P N M T S U E P S I I S E
D J Q X G K N Y Y Z R N B J D U N K X
V O N D L W X P I F G N X J G O A Z O
W U I K X H N Q A M W G D V E N S S B
D V I K R A I H R H S Q S Q D A L L U
O L C H Q M R N U X V T X A D N N B O
T N F U C E I F Y O A U R H F I O U O
B N E J N T N X K T Q E A M K P P Z S

C	X	G	R	O	S	S	P	F	E	R	D	B	E	W	N	B	U	N
T	J	V	S	K	Z	J	E	Q	L	U	J	Y	E	H	P	E	N	A
U	M	G	L	D	M	M	G	S	A	M	W	P	R	L	D	J	A	Z
I	W	N	A	A	C	R	T	C	E	X	V	E	V	C	K	B	T	G
Q	L	R	I	H	C	I	Z	R	G	J	I	O	Q	B	X	J	H	A
B	T	P	X	V	M	Z	U	D	I	T	S	P	I	X	F	B	I	M
T	L	T	C	F	A	R	Q	Z	R	F	D	Q	S	X	N	N	O	N
W	M	I	D	W	T	O	E	O	E	S	G	S	R	S	G	J	X	Y
V	C	A	Z	L	C	W	C	R	W	A	W	K	S	E	L	V	A	F
H	R	M	F	R	Z	K	K	V	A	Q	P	A	I	S	X	T	I	X
C	V	A	N	W	E	I	D	E	N	D	P	M	L	B	A	D	K	R
Y	N	Z	S	N	T	D	T	D	U	R	N	P	Y	G	Y	L	A	C
B	X	R	T	G	O	P	B	T	E	V	R	A	X	H	E	E	Q	Y
I	Y	P	S	X	W	G	O	T	C	T	G	T	K	T	E	J	C	L
C	L	Q	H	J	Q	C	I	J	O	U	H	R	T	R	Z	B	S	I
F	S	R	I	I	Y	E	B	K	E	C	M	A	N	F	H	C	P	P
H	W	K	L	H	R	K	K	Z	U	X	S	N	M	R	F	A	G	Q
J	Z	Q	G	E	G	H	M	Z	Q	O	V	E	H	A	M	L	F	O
H	Z	O	E	Z	O	U	E	E	L	U	G	S	I	V	F	N	X	U
T	J	T	A	T	A	D	B	O	F	Z	G	F	D	E	Z	W	Z	J
L	U	H	K	Z	R	L	P	G	K	Y	A	B	J	T	Y	F	G	Q
C	S	A	L	E	Q	I	G	H	W	M	L	V	E	J	R	X	M	M
T	T	D	F	T	N	O	Z	O	D	T	S	Z	U	H	O	X	T	V
M	S	P	R	A	N	P	S	T	E	I	L	S	P	R	U	N	G	A

10

FAHRKANDARE
GROSSPFERD
PFERDEZUCHT
ANWEIDEN
REITERPASS

TAKT
REITROCK
STEILSPRUNG
POLOSATTEL
ZAUMZEUG

Lösung

C	X	G	R	O	S	S	P	F	E	R	D	B	E	W	N	B	U	N
T	J	V	S	K	Z	J	E	Q	L	U	J	Y	E	H	P	E	N	A
U	M	G	L	D	M	M	G	S	A	M	W	P	R	L	D	J	A	Z
I	W	N	A	A	C	R	T	C	E	X	V	E	V	C	K	B	T	G
Q	L	R	I	H	C	I	Z	R	G	J	I	O	Q	B	X	J	H	A
B	T	P	X	V	M	Z	U	D	I	T	S	P	I	X	F	B	I	M
T	L	T	C	F	A	R	Q	Z	R	F	D	Q	S	X	N	N	O	N
W	M	I	D	W	T	O	E	O	E	S	G	S	R	S	G	J	X	Y
V	C	A	Z	L	C	W	C	R	W	A	W	K	S	E	L	V	A	F
H	R	M	F	R	Z	K	K	V	A	Q	P	A	I	S	X	T	I	X
C	V	A	N	W	E	I	D	E	N	D	P	M	L	B	A	D	K	R
Y	N	Z	S	N	T	D	T	D	U	R	N	P	Y	G	Y	L	A	C
B	X	R	T	G	O	P	B	T	E	V	R	A	X	H	E	E	Q	Y
I	Y	P	S	X	W	G	O	T	C	T	G	T	K	T	E	J	C	L
C	L	Q	H	J	Q	C	I	J	O	U	H	R	T	R	Z	B	S	I
F	S	R	I	I	Y	E	B	K	E	C	M	A	N	F	H	C	P	P
H	W	K	L	H	R	K	K	Z	U	X	S	N	M	R	F	A	G	Q
J	Z	Q	G	E	G	H	M	Z	Q	O	V	E	H	A	M	L	F	O
H	Z	O	E	Z	O	U	E	E	L	U	G	S	I	V	F	N	X	U
T	J	T	A	T	A	D	B	O	F	Z	G	F	D	E	Z	W	Z	J
L	U	H	K	Z	R	L	P	G	K	Y	A	B	J	T	Y	F	G	Q
C	S	A	L	E	Q	I	G	H	W	M	L	V	E	J	R	X	M	M
T	T	D	F	T	N	O	Z	O	D	T	S	Z	U	H	O	X	T	V
M	S	P	R	A	N	P	S	T	E	I	L	S	P	R	U	N	G	A

M	P	K	B	R	D	R	F	Q	O	C	E	V	E	Q	Y	M	P	Y
I	X	G	Z	W	E	P	Q	W	Q	X	Z	D	S	A	I	I	B	E
V	S	J	W	L	H	I	B	H	P	H	C	Z	D	I	C	J	C	I
E	T	X	T	W	D	H	T	Q	R	R	W	U	W	N	D	T	K	J
H	M	L	Z	U	Q	R	L	S	K	H	A	L	T	E	R	M	I	P
E	R	E	J	U	N	E	Y	Q	A	Z	X	E	C	R	U	K	G	W
Q	U	I	K	E	N	O	D	H	P	T	O	T	T	G	S	R	C	N
T	J	P	Q	F	S	B	R	F	K	O	T	W	I	S	I	A	Z	D
K	M	W	I	V	S	F	I	Z	Y	Y	H	E	V	V	E	U	R	P
P	L	E	Y	K	R	R	V	J	E	L	K	O	L	D	E	F	J	O
B	O	W	S	A	R	L	B	Y	I	B	V	N	Y	X	W	U	J	L
Q	H	N	J	D	I	W	M	N	A	A	J	P	G	D	U	T	Y	V
I	O	Z	I	B	H	J	D	O	S	L	N	R	T	I	G	T	G	G
J	R	D	V	T	C	U	H	P	P	V	E	H	D	O	S	E	V	V
G	L	L	R	W	S	U	F	A	W	B	X	J	L	Z	I	R	D	G
T	M	B	I	L	E	X	K	R	J	A	B	J	P	S	A	S	Z	X
H	Q	Q	O	Y	G	H	A	E	S	Q	S	B	B	K	V	D	E	X
H	Z	O	W	E	R	M	D	I	X	F	E	Y	K	F	A	Y	V	D
G	Z	L	V	N	H	Y	E	N	Y	Z	S	H	B	U	U	T	C	R
U	K	N	S	E	A	G	N	I	R	Q	S	C	C	V	U	O	H	V
Z	H	Z	A	W	F	X	Z	N	V	M	A	T	A	G	T	U	V	A
N	P	O	B	C	M	H	G	G	B	O	S	A	L	Z	A	X	W	A
A	D	C	I	D	B	H	V	N	A	H	B	X	Z	W	Q	P	B	N
G	H	Q	V	B	O	G	V	K	J	E	F	W	Z	D	L	T	Q	M

11

KADENZ
REITSATTEL
ANZUG
REINING
QUIKEN

FAHRGESCHIRR
RAUFUTTER
PONY
BOSAL
HALTER

Lösung

M P K B R D R F Q O C E V E Q Y M P Y

I X G Z W E P Q W Q X Z D S A I I B E

V S J W L H I B H P H C Z D I C J C I

E T X T W D H T Q R R W U W N D T K J

H M L Z U Q R L S K H A L T E R M I P

E R E J U N E Y Q A Z X E C R U K G W

Q U I K E N O D H P T O T T G S R C N

T J P Q F S B R F K O T W I S I A Z D

K M W I V S F I Z Y Y H E V V E U R P

P L E Y K R R V J E L K O L D E F J O

B O W S A R L B Y I B V N Y X W U J L

Q H N J D I W M N A A J P G D U T Y V

I O Z I B H J D O S L N R T I G T G G

J R D V T C U H P P V E H D O S E V V

G L L R W S U F A W B X J L Z I R D G

T M B I L E X K R J A B J P S A S Z X

H Q Q O Y G H A E S Q S B B K V D E X

H Z O W E R M D I X F E Y K F A Y V D

G Z L V N H Y E N Y Z S H B U U T C R

U K N S E A G N I R Q S C C V U O H V

Z H Z A W F X Z N V M A T A G T U V A

N P O B C M H G G B O S A L Z A X W A

A D C I D B H V N A H B X Z W Q P B N

G H Q V B O G V K J E F W Z D L T Q M

J I J L E B T N D Z A C C W B R G J E
C K P O W T F H S B V H I G L Z U Y J
X C U Y T E C H Q K T I S V E J P O W
L U O I N U B Y B R J H L F Z J F F Y
J R F P S T L E G E U Z S F L I H P A
E D A Z I S R H D Z J K K J W D F N V
C N L E F E I T S T I E R B P H G I U
O I M D C G R Q Y D R O K S D F X T T
S E T N D A R X N F L E G S Y X L X W
S T C O K L R R D F Q P X K G N U O X
Z M I F X R P L Z D R B K F R J R Z B
M A L H B Q B E E S C A B M T K Q U L
M S S T Q G C W O R D O S X D N D E A
M E A N A I Q L W H R V G S R B A Z D
G G N K N W I R S M L A B K E E G B I
J T G S D I Q C F I D P B I B M F U Z
P S O I R U Q K X Q P L F Q K N C M M
G B K M N V Q A S A T T E L G U R T J
T I E K G I S S E A L H C R U D H Q J
N U E O I W N T Z Z L L C L S X K V I
M M S U D J F J B A C B L Q I Z M B P
F X J S Z J T N B I N B N S E A H S O
X H W B N E T I E R Z N A T S I D C C
Y I N S D F X F Q K G V S U E K Q J S

12

REITSTIEFEL
GESTUET
HILFSZUEGEL
DISTANZREITEN
RASSE

GESAMTEINDRUCK
DURCHLAESSIGKEIT
SATTELGURT
IPO
BARRELRACE

Lösung

J	I	J	L	E	B	T	N	D	Z	A	C	C	W	B	R	G	J	E
C	K	P	O	W	T	F	H	S	B	V	H	I	G	L	Z	U	Y	J
X	C	U	Y	T	E	C	H	Q	K	T	I	S	V	E	J	P	O	W
L	U	O	I	N	U	B	Y	B	R	J	H	L	F	Z	J	F	F	Y
J	R	F	P	S	T	L	E	G	E	U	Z	S	F	L	I	H	P	A
E	D	A	Z	I	S	R	H	D	Z	J	K	K	J	W	D	F	N	V
C	N	L	E	F	E	I	T	S	T	I	E	R	B	P	H	G	I	U
O	I	M	D	C	G	R	Q	Y	D	R	O	K	S	D	F	X	T	T
S	E	T	N	D	A	R	X	N	F	L	E	G	S	Y	X	L	X	W
S	T	C	O	K	L	R	R	D	F	Q	P	X	K	G	N	U	O	X
Z	M	I	F	X	R	P	L	Z	D	R	B	K	F	R	J	R	Z	B
M	A	L	H	B	Q	B	E	E	S	C	A	B	M	T	K	Q	U	L
M	S	S	T	Q	G	C	W	O	R	D	O	S	X	D	N	D	E	A
M	E	A	N	A	I	Q	L	W	H	R	V	G	S	R	B	A	Z	D
G	G	N	K	N	W	I	R	S	M	L	A	B	K	E	E	G	B	I
J	T	G	S	D	I	Q	C	F	I	D	P	B	I	B	M	F	U	Z
P	S	O	I	R	U	Q	K	X	Q	P	L	F	Q	K	N	C	M	M
G	B	K	M	N	V	Q	A	S	A	T	T	E	L	G	U	R	T	J
T	I	E	K	G	I	S	S	E	A	L	H	C	R	U	D	H	Q	J
N	U	E	O	I	W	N	T	Z	Z	L	L	C	L	S	X	K	V	I
M	M	S	U	D	J	F	J	B	A	C	B	L	Q	I	Z	M	B	P
F	X	J	S	Z	J	T	N	B	I	N	B	N	S	E	A	H	S	O
X	H	W	B	N	E	T	I	E	R	Z	N	A	T	S	I	D	C	C
Y	I	N	S	D	F	X	F	Q	K	G	V	S	U	E	K	Q	J	S

N	X	G	R	R	U	K	K	U	F	D	R	C	I	E	M	C	D	H
E	E	R	Q	E	K	R	K	Y	S	A	O	G	G	E	X	U	P	N
L	E	H	E	V	Y	W	J	O	W	T	N	R	D	H	V	O	E	P
E	H	X	C	I	M	P	E	R	D	Q	W	R	L	I	L	H	B	A
G	N	L	M	I	T	K	H	D	C	W	P	K	E	E	C	Z	W	F
E	Z	X	W	M	E	H	Y	P	F	G	E	M	P	I	U	E	Z	K
U	J	E	T	W	H	Z	O	H	I	H	H	Z	E	G	B	B	N	U
Z	N	T	O	F	F	Y	B	S	U	V	V	Z	W	D	M	L	Y	F
S	O	H	W	J	C	E	O	A	E	I	D	B	O	A	E	E	J	M
K	Y	D	W	J	L	D	N	Q	T	N	S	J	I	Q	I	I	X	E
C	V	I	B	O	V	A	M	Q	A	I	M	D	V	E	U	P	X	B
E	K	F	X	P	O	P	Q	R	Q	U	E	Y	J	S	X	S	X	C
I	N	V	P	I	K	U	B	Y	T	N	Y	R	W	U	V	N	Y	L
E	N	Y	Z	L	B	O	I	T	S	D	L	N	E	A	Y	E	O	P
R	M	Z	B	A	A	R	R	T	O	L	N	C	I	T	O	R	Y	X
D	J	V	O	R	Y	C	U	U	I	P	J	B	T	V	A	H	J	R
V	U	N	E	E	A	T	S	Z	W	O	E	B	S	M	K	O	R	Z
G	L	B	P	A	E	X	P	E	G	P	T	D	P	P	D	Q	E	N
O	D	B	R	S	L	X	U	T	Q	T	H	R	R	F	N	M	I	E
V	I	F	W	K	Q	Y	R	B	M	U	H	O	U	U	E	L	X	D
Z	Z	V	Q	Y	Q	L	O	M	U	M	M	S	N	L	A	B	I	E
U	R	N	L	C	O	N	V	B	A	N	X	S	G	E	A	D	Z	K
J	X	L	R	V	X	K	T	O	Z	I	B	E	N	U	P	X	J	C
K	T	K	N	H	Q	N	H	X	C	Z	Y	Z	W	M	F	V	M	C

13

BRANDZEICHEN
OHRENSPIEL
REITHOSE
REITABZEICHEN
WEITSPRUNG

ROSSE
CROUPADE
MAIDENSTUTE
PILARE
DREIECKSZUEGEL

Lösung

N	X	G	R	R	U	K	K	U	F	D	R	C	I	E	M	C	D	H
E	E	R	Q	E	K	R	K	Y	S	A	O	G	G	E	X	U	P	N
L	E	H	E	V	Y	W	J	O	W	T	N	R	D	H	V	O	E	P
E	H	X	C	I	M	P	E	R	D	Q	W	R	L	I	L	H	B	A
G	N	L	M	I	T	K	H	D	C	W	P	K	E	E	C	Z	W	F
E	Z	X	W	M	E	H	Y	P	F	G	E	M	P	I	U	E	Z	K
U	J	E	T	W	H	Z	O	H	I	H	H	Z	E	G	B	B	N	U
Z	N	T	O	F	F	Y	B	S	U	V	V	Z	W	D	M	L	Y	F
S	O	H	W	J	C	E	O	A	E	I	D	B	O	A	E	E	J	M
K	Y	D	W	J	L	D	N	Q	T	N	S	J	I	Q	I	I	X	E
C	V	I	B	O	V	A	M	Q	A	I	M	D	V	E	U	P	X	B
E	K	F	X	P	O	P	Q	R	Q	U	E	Y	J	S	X	S	X	C
I	N	V	P	I	K	U	B	Y	T	N	Y	R	W	U	V	N	Y	L
E	N	Y	Z	L	B	O	I	T	S	D	L	N	E	A	Y	E	O	P
R	M	Z	B	A	A	R	R	T	O	L	N	C	I	T	O	R	Y	X
D	J	V	O	R	Y	C	U	U	I	P	J	B	T	V	A	H	J	R
V	U	N	E	E	A	T	S	Z	W	O	E	B	S	M	K	O	R	Z
G	L	B	P	A	E	X	P	E	G	P	T	D	P	P	D	Q	E	N
O	D	B	R	S	L	X	U	T	Q	T	H	R	R	F	N	M	I	E
V	I	F	W	K	Q	Y	R	B	M	U	H	O	U	U	E	L	X	D
Z	Z	V	Q	Y	Q	L	O	M	U	M	M	S	N	L	A	B	I	E
U	R	N	L	C	O	N	V	B	A	N	X	S	G	E	A	D	Z	K
J	X	L	R	V	X	K	T	O	Z	I	B	E	N	U	P	X	J	C
K	T	K	N	H	Q	N	H	X	C	Z	Y	Z	W	M	F	V	M	C

N	E	I	N	K	R	E	U	Z	U	N	G	K	K	P	W	G	G	C
E	S	N	G	V	S	C	X	I	X	U	T	E	P	H	E	R	U	Z
T	E	G	I	O	X	M	E	J	M	K	T	H	Y	V	Y	A	Q	O
I	C	E	Z	T	G	P	Z	T	A	D	D	L	F	W	Q	G	O	K
E	P	P	A	J	W	I	Z	X	V	R	V	R	K	C	L	E	L	C
R	U	N	E	E	X	D	N	O	C	M	L	I	N	D	K	Y	V	G
T	J	M	G	T	K	K	Y	S	D	J	G	E	F	P	Z	U	K	V
I	B	J	N	R	L	V	J	M	H	R	D	M	W	G	O	P	P	W
E	P	S	O	E	R	K	S	H	Q	I	C	E	F	D	U	H	O	G
Z	F	P	Y	G	Y	B	F	I	V	T	G	N	P	R	O	G	F	H
I	E	U	L	R	M	N	F	Z	Q	T	N	B	V	M	X	N	K	A
E	R	J	S	E	U	O	Z	N	D	M	X	Z	V	R	Z	U	S	T
R	D	O	K	I	A	Z	G	M	V	E	M	M	N	Y	W	N	H	A
F	E	T	K	G	Z	H	Z	R	U	I	C	W	W	P	Y	H	R	F
B	R	J	S	N	R	A	D	E	X	S	I	V	S	A	G	E	M	C
L	A	B	F	O	H	R	U	Z	T	T	L	A	A	X	N	L	N	K
V	S	P	A	L	A	Z	E	Z	L	E	Z	W	B	Z	Y	N	B	J
P	S	N	E	Z	F	Q	B	Z	G	R	L	V	R	M	N	A	M	X
G	E	S	N	Q	O	E	T	H	K	Y	T	Z	E	Q	Z	T	Q	Z
W	N	N	B	U	J	L	F	H	O	R	Z	M	I	K	I	L	X	E
Y	J	X	B	H	C	H	Z	U	I	V	S	P	T	Z	H	Y	T	I
Z	M	A	D	H	Z	Q	R	F	S	M	G	K	E	A	K	U	I	N
N	K	F	I	L	G	D	P	V	E	H	I	O	N	Q	Q	Q	E	U
Y	G	P	U	U	J	K	O	M	Q	Z	H	D	C	X	E	J	W	Q

LONGIERGERTE
FAHRZAUM
ABREITEN
CHIP
EINKREUZUNG

ANLEHNUNG
FREIZEITREITEN
KEHLRIEMEN
PFERDERASSEN
RITTMEISTER

Lösung

N E I N K R E U Z U N G K K P W G G C

E S N G V S C X I X U T E P H E R U Z

T E G I O X M E J M K T H Y V Y A Q O

I C E Z T G P Z T A D D L F W Q G O K

E P P A J W I Z X V R V R K C L E L C

R U N E E X D N O C M L I N D K Y V G

T J M G T K K Y S D J G E F P Z U K V

I B J N R L V J M H R D M W G O P P W

E P S O E R K S H Q I C E F D U H O G

Z F P Y G Y B F I V T G N P R O G F H

I E U L R M N F Z Q T N B V M X N K A

E R J S E U O Z N D M X Z V R Z U S T

R D O K I A Z G M V E M M N Y W N H A

F E T K G Z H Z R U I C W W P Y H R F

B R J S N R A D E X S I V S A G E M C

L A B F O H R U Z T T L A A X N L N K

V S P A L A Z E Z L E Z W B Z Y N B J

P S N E Z F Q B Z G R L V R M N A M X

G E S N Q O E T H K Y T Z E Q Z T Q Z

W N N B U J L F H O R Z M I K I L X E

Y J X B H C H Z U I V S P T Z H Y T I

Z M A D H Z Q R F S M G K E A K U I N

N K F I L G D P V E H I O N Q Q Q E U

Y G P U U J K O M Q Z H D C X E J W Q

E	Z	U	D	H	Y	S	H	R	J	C	S	Y	F	Q	F	S	Q	O
V	D	W	D	B	T	D	O	P	J	D	U	B	C	Z	N	Q	M	K
Q	W	K	L	M	H	E	L	I	M	F	Y	K	Q	H	G	I	B	Q
T	T	Y	N	C	L	C	K	E	E	N	B	C	H	Y	K	D	P	N
Y	H	X	M	Z	M	B	P	X	Y	X	D	X	A	G	C	E	W	I
U	C	F	A	A	L	H	D	H	G	F	E	S	P	E	E	J	V	T
Y	U	K	L	H	T	R	R	G	P	F	H	R	U	T	U	W	J	E
P	Z	V	G	L	U	E	C	K	S	R	A	D	J	Y	T	M	V	U
F	N	M	M	B	T	R	A	P	T	Z	P	A	A	Q	S	B	R	T
E	I	X	I	B	C	C	A	B	P	O	Q	N	U	Q	N	B	A	S
R	E	A	P	S	Y	S	D	U	C	X	V	V	D	G	E	Z	I	E
D	R	L	O	D	S	O	A	K	L	A	P	J	B	G	K	Z	W	G
E	H	T	H	A	U	T	L	X	A	S	N	O	Z	F	C	D	P	T
A	Z	K	G	J	A	W	V	B	E	K	R	A	J	O	A	F	N	P
N	Y	E	T	W	A	K	P	I	L	P	O	H	M	K	B	T	D	U
H	Y	K	D	W	D	F	L	E	K	G	Y	V	G	M	P	N	M	A
A	U	U	G	Z	H	H	I	S	I	D	N	W	E	C	A	A	X	H
E	J	W	J	R	A	N	B	J	X	T	K	I	H	Y	G	R	Z	B
N	F	A	X	L	P	E	C	E	M	V	X	B	T	I	L	F	A	M
G	C	O	F	F	C	Q	L	S	T	J	F	N	G	T	E	I	E	M
E	S	T	E	D	R	V	U	K	X	J	O	M	I	X	U	M	Y	Y
R	E	R	Z	W	G	N	P	R	A	P	Z	U	O	P	T	C	U	N
R	D	N	L	Q	P	G	A	T	J	K	Z	B	F	M	W	H	L	C
D	I	Z	S	F	K	U	V	S	W	S	V	D	L	O	A	T	I	T

15

CUTTING
GLUECKSRAD
MARAMMANA
REINZUCHT
BACKENSTUECK

PFERDEANHAENGER
SEILHALFTER
HAUPTGESTUET
PASSAGE
KLEINPFERD

Lösung

E Z U D H Y S H R J C S Y F Q F S Q O
V D W D B T D O P J D U B C Z N Q M K
Q W K L M H E L I M F Y K Q H G I B Q
T T Y N C L C K E E N B C H Y K D P N
Y H X M Z M B P X Y X D X A G C E W I
U C F A A L H D H G F E S P E E J V T
Y U K L H T R R G P F H R U T U W J E
P Z V G L U E C K S R A D J Y T M V U
F N M M B T R A P T Z P A A Q S B R T
E I X I B C C A B P O Q N U Q N B A S
R E A P S Y S D U C X V V D G E Z I E
D R L O D S O A K L A P J B G K Z W G
E H T H A U T L X A S N O Z F C D P T
A Z K G J A W V B E K R A J O A F N P
N Y E T W A K P I L P O H M K B T D U
H Y K D W D F L E K G Y V G M P N M A
A U U G Z H H I S I D N W E C A A X H
E J W J R A N B J X T K I H Y G R Z B
N F A X L P E C E M V X B T I L F A M
G C O F F C Q L S T J F N G T E I E M
E S T E D R V U K X J O M I X U M Y Y
R E R Z W G N P R A P Z U O P T C U N
R D N L Q P G A T J K Z B F M W H L C
D I Z S F K U V S W S V D L O A T I T

F	H	D	X	E	A	Z	P	Y	Y	E	X	G	W	R	U	W	N	V
V	N	D	N	S	B	G	O	B	L	D	E	N	F	C	O	F	S	U
D	O	K	D	U	I	P	P	L	Q	T	X	O	X	B	R	N	S	U
C	L	B	X	B	G	D	A	Q	T	Q	X	I	U	A	H	W	C	Y
N	F	N	Q	D	Z	H	Y	C	G	U	T	K	N	E	R	L	I	K
B	T	Q	Z	Z	T	O	R	B	F	U	H	C	A	K	A	H	S	R
N	I	I	T	I	C	S	W	U	O	J	H	Q	O	Z	Y	U	Q	O
C	S	O	E	G	R	L	D	P	A	S	A	N	Y	L	C	N	A	V
D	K	R	C	H	E	K	P	F	O	S	T	X	V	Q	G	B	U	R
C	F	L	L	L	N	P	G	R	D	E	U	U	Q	E	B	R	V	E
R	N	A	Q	C	W	E	T	X	R	R	J	L	N	N	U	E	N	T
Y	E	G	E	S	V	I	S	G	N	E	I	I	V	G	H	L	V	L
J	N	N	I	C	N	A	A	S	K	Q	C	B	I	E	O	U	Y	U
B	P	I	M	G	T	L	C	U	A	K	E	F	C	K	O	H	E	H
L	V	T	I	K	O	S	C	W	S	L	N	P	Q	F	S	C	T	C
X	A	R	J	P	X	R	V	T	K	H	E	S	M	W	B	S	R	S
B	U	A	P	W	H	T	U	X	A	S	C	G	K	N	V	T	E	S
T	I	M	L	M	R	E	N	B	P	L	F	S	S	D	E	I	G	H
F	U	P	L	D	C	D	X	J	K	N	X	K	O	O	E	E	N	U
T	U	T	J	K	R	C	V	F	N	E	E	F	D	O	L	R	E	K
K	L	E	H	P	L	R	V	V	H	J	M	N	H	D	U	F	K	J
K	B	U	I	M	A	L	P	Q	G	P	B	Q	S	U	X	O	R	C
P	E	L	S	N	Y	F	N	Y	B	I	S	Y	A	M	A	H	I	S
Y	K	D	Q	M	H	J	F	I	R	H	M	I	M	K	X	H	B	O

16

MARTINGAL
LOSGELASSENHEIT
HOFREITSCHULE
BAHNFIGUR
RANCHSORTING

BIRKENGERTE
SCHULTERVOR
KONTERGALOPP
REITHALLE
GENICKSTUECK

Lösung

F H D X E A Z P Y Y E X G W R U W N V
V N D N S B G O B L D E N F C O F S U
D O K D U I P P L Q T X O X B R N S U
C L B X B G D A Q T Q X I U A H W C Y
N F N Q D Z H Y C G U T K N E R L I K
B T Q Z Z T O R B F U H C A K A H S R
N I I T I C S W U O J H Q O Z Y U Q O
C S O E G R L D P A S A N Y L C N A V
D K R C H E K P F O S T X V Q G B U R
C F L L L N P G R D E U U Q E B R V E
R N A Q C W E T X R R J L N N U E N T
Y E G E S V I S G N E I I V G H L V L
J N N I C N A A S K Q C B I E O U Y U
B P I M G T L C U A K E F C K O H E H
L V T I K O S C W S L N P Q F S C T C
X A R J P X R V T K H E S M W B S R S
B U A P W H T U X A S C G K N V T E S
T I M L M R E N B P L F S S D E I G H
F U P L D C D X J K N X K O O E E N U
T U T J K R C V F N E E F D O L R E K
K L E H P L R V V H J M N H D U F K J
K B U I M A L P Q G P B Q S U X O R C
P E L S N Y F N Y B I S Y A M A H I S
Y K D Q M H J F I R H M I M K X H B O

E	F	V	Q	H	C	B	N	B	Y	E	B	T	W	Q	X	I	G	S
K	N	Q	K	U	Q	O	G	T	N	G	J	E	A	F	Z	I	R	Z
A	C	Y	L	S	J	H	O	V	J	E	F	E	I	O	B	M	E	A
S	J	N	E	F	B	D	S	D	E	K	W	T	U	R	F	B	T	J
H	D	F	T	T	W	W	T	I	H	R	M	Q	K	G	Y	K	K	S
F	N	D	T	G	Z	R	Y	R	X	C	O	E	P	W	C	C	P	P
S	U	T	A	U	K	X	H	O	E	E	E	M	V	T	B	I	L	Y
A	C	Y	S	H	M	Z	W	N	A	N	T	L	K	V	O	U	F	Q
T	O	J	G	U	G	A	F	E	P	A	S	D	D	C	R	I	Z	C
T	A	M	N	E	H	W	D	T	D	K	Y	E	G	O	A	L	M	V
E	K	C	I	Z	A	U	N	I	I	U	P	Q	N	N	Y	H	I	P
L	T	V	R	L	R	D	Q	E	C	Y	O	H	N	Z	S	V	W	N
L	I	D	P	T	R	B	H	R	L	D	T	Q	D	Q	A	N	X	E
A	V	R	S	W	T	O	S	N	A	B	L	V	T	K	D	U	F	T
G	S	C	S	K	J	F	T	R	N	B	A	T	F	B	T	V	M	I
E	T	D	C	Q	X	W	W	E	D	C	R	N	G	Y	I	W	G	E
C	A	S	I	W	K	N	Y	T	G	V	D	Q	D	D	C	D	B	R
Q	L	D	K	F	G	C	P	S	E	V	N	T	H	A	N	Z	C	G
F	L	Q	T	F	S	U	Q	E	S	N	G	O	E	Q	G	H	X	N
U	A	C	C	K	A	M	A	W	T	M	W	N	L	A	V	E	W	I
O	X	M	E	N	U	L	M	Y	U	P	Y	N	V	P	O	S	N	R
A	K	P	J	P	U	M	C	P	E	N	Z	Z	Z	N	Z	R	X	P
H	A	V	G	P	M	J	Y	H	T	D	Q	J	Y	U	L	H	A	S
F	S	G	K	T	D	F	F	X	E	V	O	D	I	Q	P	B	P	N

17

SATTELLAGE
TURF
BANDAGEN
AKTIVSTALL
WESTERNREITEN

SPRINGSATTEL
LANDGESTUET
TRENSENZAUM
HACKMORE
SPRINGREITEN

Lösung

E F V Q H C B N B Y E B T W Q X I G S
K N Q K U Q O G T N G J E A F Z I R Z
A C Y L S J H O V J E F E I O B M E A
S J N E F B D S D E K W T U R F B T J
H D F T T W W T I H R M Q K G Y K K S
F N D T G Z R Y R X C O E P W C C P P
S U T A U K X H O E E E M V T B I L Y
A C Y S H M Z W N A N T L K V O U F Q
T O J G U G A F E P A S D D C R I Z C
T A M N E H W D T D K Y E G O A L M V
E K C I Z A U N I I U P Q N N Y H I P
L T V R L R D Q E C Y O H N Z S V W N
L I D P T R B H R L D T Q D Q A N X E
A V R S W T O S N A B L V T K D U F T
G S C S K J F T R N B A T F B T V M I
E T D C Q X W W E D C R N G Y I W G E
C A S I W K N Y T G V D Q D D C D B R
Q L D K F G C P S E V N T H A N Z C G
F L Q T F S U Q E S N G O E Q G H X N
U A C C K A M A W T M W N L A V E W I
O X M E N U L M Y U P Y N V P O S N R
A K P J P U M C P E N Z Z Z N Z R X P
H A V G P M J Y H T D Q J Y U L H A S
F S G K T D F F X E V O D I Q P B P N

D	D	S	Z	H	J	H	W	P	A	B	P	U	P	A	O	K	K	P
L	R	V	I	R	U	G	I	F	R	U	S	S	E	R	D	E	C	K
F	F	K	J	X	I	O	C	Q	W	B	T	R	J	J	Q	C	H	U
L	G	E	V	P	A	N	O	S	Y	W	R	X	P	D	S	B	R	O
E	O	N	H	R	K	S	U	J	O	K	J	C	V	W	N	E	E	N
J	F	V	V	E	H	C	S	T	I	E	P	R	H	A	F	P	D	B
V	K	P	F	E	R	D	E	L	A	U	F	B	A	N	D	T	O	L
Q	W	X	J	A	F	C	C	U	M	S	P	G	Z	V	O	P	P	E
T	F	N	S	I	E	I	D	L	L	R	W	Q	B	W	P	N	P	S
D	C	S	N	J	S	T	U	I	Z	C	J	S	V	C	N	W	W	H
A	M	D	K	O	J	V	T	O	T	D	H	W	B	N	I	S	F	C
O	F	O	S	G	T	N	Q	X	L	O	E	U	C	H	E	X	J	E
M	I	X	O	R	U	U	A	O	M	D	U	W	O	R	L	N	W	W
I	G	D	H	H	U	W	H	E	B	T	K	N	M	E	S	P	F	D
U	E	Y	Q	T	R	I	W	E	D	R	E	F	P	T	R	Y	E	N
X	C	Y	F	R	O	D	Z	H	N	C	I	J	L	T	E	Q	G	A
U	Y	Y	U	N	F	M	F	Z	Q	W	M	O	O	U	F	Y	G	H
M	M	A	M	H	K	F	E	F	B	Z	L	U	S	F	P	F	U	E
K	R	X	E	L	U	H	C	S	E	H	O	H	P	T	U	E	V	N
A	R	E	T	F	L	A	H	N	E	T	O	N	K	F	T	C	B	C
T	A	N	U	T	S	B	J	S	V	H	A	A	W	A	M	Y	U	X
N	R	B	Q	D	W	Y	O	V	D	T	X	S	J	R	R	L	S	P
L	M	T	W	U	I	K	M	T	T	K	K	L	Q	K	J	O	Z	T
E	S	O	B	E	X	A	X	X	F	J	G	H	G	S	I	U	O	I

REDOPP
FAHRPEITSCHE
PFERDEWIRT
TUPFER
HANDWECHSEL

HOHESCHULE
PFERDELAUFBAND
DRESSURFIGUR
KRAFTFUTTER
KNOTENHALFTER

Lösung

D	D	S	Z	H	J	H	W	P	A	B	P	U	P	A	O	K	K	P
L	R	V	I	R	U	G	I	F	R	U	S	S	E	R	D	E	C	K
F	F	K	J	X	I	O	C	Q	W	B	T	R	J	J	Q	C	H	U
L	G	E	V	P	A	N	O	S	Y	W	R	X	P	D	S	B	R	O
E	O	N	H	R	K	S	U	J	O	K	J	C	V	W	N	E	E	N
J	F	V	V	E	H	C	S	T	I	E	P	R	H	A	F	P	D	B
V	K	P	F	E	R	D	E	L	A	U	F	B	A	N	D	T	O	L
Q	W	X	J	A	F	C	C	U	M	S	P	G	Z	V	O	P	P	E
T	F	N	S	I	E	I	D	L	L	R	W	Q	B	W	P	N	P	S
D	C	S	N	J	S	T	U	I	Z	C	J	S	V	C	N	W	W	H
A	M	D	K	O	J	V	T	O	T	D	H	W	B	N	I	S	F	C
O	F	O	S	G	T	N	Q	X	L	O	E	U	C	H	E	X	J	E
M	I	X	O	R	U	U	A	O	M	D	U	W	O	R	L	N	W	W
I	G	D	H	H	U	W	H	E	B	T	K	N	M	E	S	P	F	D
U	E	Y	Q	T	R	I	W	E	D	R	E	F	P	T	R	Y	E	N
X	C	Y	F	R	O	D	Z	H	N	C	I	J	L	T	E	Q	G	A
U	Y	Y	U	N	F	M	F	Z	Q	W	M	O	O	U	F	Y	G	H
M	M	A	M	H	K	F	E	F	B	Z	L	U	S	F	P	F	U	E
K	R	X	E	L	U	H	C	S	E	H	O	H	P	T	U	E	V	N
A	R	E	T	F	L	A	H	N	E	T	O	N	K	F	T	C	B	C
T	A	N	U	T	S	B	J	S	V	H	A	A	W	A	M	Y	U	X
N	R	B	Q	D	W	Y	O	V	D	T	X	S	J	R	R	L	S	P
L	M	T	W	U	I	K	M	T	T	K	K	L	Q	K	J	O	Z	T
E	S	O	B	E	X	A	X	X	F	J	G	H	G	S	I	U	O	I

DAS

RADSPORT

WORTSUCHRÄTSEL BUCH

J I U W U D A S R U F G M M T R B G M
H V N M N R R J O B O K W E Z H H L B
X F V I J X O O S Z E L E E A X Q X H
Y B C W Z Q L Z K T D C S I O N W U P
F R M Q M Z L B T S P O B Y M D J C S
N L O K V E E E A M R U Y G M U B N K
E A S H R Z N K H A T N G B E A R M C
Q W R P J S B E J C H T T G W I T X U
L T E C C W R O V Y O R D Y T O Q E R
P H C H G W E P D W M Y Z E U B A G D
H F U K B U M I I E A M A R X Z F Y L
K T J P Q L S L C S N H H M O L K K L
Z K L P Y R E N E D Y Y L E Z M P U E
T L T U B A A Y U H D E S H X Z I N U
X I R I L R Y I S P N Z C R R Z L Y F
G N H F F Y C S L S E T L W B L Y H N
Q G A M J O J X S Y G A X E T C Y F E
G E F F U T I J R R L T Q Y M G U J F
K L N U C K V E K T E N N S B O M H I
J C E T U I H Z A U F E K H R Y L L E
U R G T M N C E W L G R E J S S U O R
E O E T L U K E Y P T E E R Z Q C F G
F S R B T G W P H M G A E Y S X H N C
C S T L G T I Y J K N B V Y F H C U G

1

HELM
KLINGEL
KETTENSCHUTZ
ROLLENBREMSE
CROSS COUNTRY

REGENFAHRT
FELGENDYNAMO
TOUR DE FRANCE
BAERENTATZE
REIFENFUELLDRUCK

Lösung

J	I	U	W	U	D	A	S	R	U	F	G	M	M	T	R	B	G	M
H	V	N	M	N	R	R	J	O	B	O	K	W	E	Z	H	H	L	B
X	F	V	I	J	X	O	O	S	Z	E	L	E	E	A	X	Q	X	H
Y	B	C	W	Z	Q	L	Z	K	T	D	C	S	I	O	N	W	U	P
F	R	M	Q	M	Z	L	B	T	S	P	O	B	Y	M	D	J	C	S
N	L	O	K	V	E	E	E	A	M	R	U	Y	G	M	U	B	N	K
E	A	S	H	R	Z	N	K	H	A	T	N	G	B	E	A	R	M	C
Q	W	R	P	J	S	B	E	J	C	H	T	T	G	W	I	T	X	U
L	T	E	C	C	W	R	O	V	Y	O	R	D	Y	T	O	Q	E	R
P	H	C	H	G	W	E	P	D	W	M	Y	Z	E	U	B	A	G	D
H	F	U	K	B	U	M	I	I	E	A	M	A	R	X	Z	F	Y	L
K	T	J	P	Q	L	S	L	C	S	N	H	H	M	O	L	K	K	L
Z	K	L	P	Y	R	E	N	E	D	Y	Y	L	E	Z	M	P	U	E
T	L	T	U	B	A	A	Y	U	H	D	E	S	H	X	Z	I	N	U
X	I	R	I	L	R	Y	I	S	P	N	Z	C	R	R	Z	L	Y	F
G	N	H	F	F	Y	C	S	L	S	E	T	L	W	B	L	Y	H	N
Q	G	A	M	J	O	J	X	S	Y	G	A	X	E	T	C	Y	F	E
G	E	F	F	U	T	I	J	R	R	L	T	Q	Y	M	G	U	J	F
K	L	N	U	C	K	V	E	K	T	E	N	N	S	B	O	M	H	I
J	C	E	T	U	I	H	Z	A	U	F	E	K	H	R	Y	L	L	E
U	R	G	T	M	N	C	E	W	L	G	R	E	J	S	S	U	O	R
E	O	E	T	L	U	K	E	Y	P	T	E	E	R	Z	Q	C	F	G
F	S	R	B	T	G	W	P	H	M	G	A	E	Y	S	X	H	N	C
C	S	T	L	G	T	I	Y	J	K	N	B	V	Y	F	H	C	U	G

N	R	M	A	J	A	E	Q	Q	N	R	T	Q	T	Z	N	Y	O	O
T	V	U	I	J	S	R	P	T	F	A	O	S	F	S	T	F	P	D
W	E	Q	D	K	T	A	Y	T	Q	U	K	H	N	U	K	C	A	T
W	W	I	I	P	A	Z	P	O	A	O	B	U	B	Q	B	F	R	M
D	Z	M	K	V	E	Q	X	C	Z	I	G	U	Q	G	Q	A	S	X
L	M	G	K	R	L	Q	N	O	T	F	E	O	F	F	C	U	H	N
B	D	T	R	A	C	K	D	S	D	Y	S	C	C	K	U	Z	C	H
X	O	Y	G	D	Q	R	Y	N	I	I	X	H	I	T	A	V	T	N
O	V	L	T	P	S	N	Z	R	Y	R	B	N	I	S	C	W	T	O
J	X	U	N	Q	J	N	W	H	M	N	G	Z	O	M	G	Z	H	A
Z	J	P	R	A	D	K	O	M	P	O	N	E	N	T	E	N	X	D
M	V	T	S	U	J	D	A	L	A	U	D	G	A	U	Y	J	Q	Z
O	T	L	W	V	F	M	B	Z	S	A	S	M	M	G	K	T	D	P
D	M	V	P	J	V	W	H	W	E	L	S	K	M	R	C	T	P	L
A	V	X	I	O	S	C	J	E	F	X	A	R	G	Z	C	O	V	R
U	X	J	E	D	J	Y	C	H	K	L	M	S	N	N	J	J	Y	D
O	R	E	N	Z	F	M	J	K	K	C	H	R	G	S	N	V	Z	R
O	N	N	B	R	F	T	E	H	U	H	C	S	D	A	R	O	P	A
R	U	O	G	U	J	Y	Q	T	T	X	O	J	Z	R	M	V	L	U
G	N	P	D	B	A	R	M	P	C	F	L	S	M	Q	K	P	A	G
M	C	R	A	L	W	N	L	G	Z	Z	L	P	J	E	H	E	D	H
J	T	F	K	V	G	Y	H	R	U	R	U	A	P	E	H	R	L	S
Q	H	Q	L	L	U	T	R	A	P	E	Z	R	A	H	M	E	N	A
J	J	J	Y	F	L	H	U	K	I	N	D	E	R	S	I	T	Z	B

DUALADJUST
RADSCHUHE
CLEATS
TRACKING
KINDERSITZ

BASHGUARD
TRAPEZRAHMEN
LOCHMASS
RADKOMPONENTEN
TRACK

Lösung

N R M A J A E Q Q N R T Q T Z N Y O O
T V U I J S R P T F A O S F S T F P D
W E Q D K T A Y T Q U K H N U K C A T
W W I I P A Z P O A O B U B Q B F R M
D Z M K V E Q X C Z I G U Q G Q A S X
L M G K R L Q N O T F E O F F C U H N
B D T R A C K D S D Y S C C K U Z C H
X O Y G D Q R Y N I I X H I T A V T N
O V L T P S N Z R Y R B N I S C W T O
J X U N Q J N W H M N G Z O M G Z H A
Z J P R A D K O M P O N E N T E N X D
M V T S U J D A L A U D G A U Y J Q Z
O T L W V F M B Z S A S M M G K T D P
D M V P J V W H W E L S K M R C T P L
A V X I O S C J E F X A R G Z C O V R
U X J E D J Y C H K L M S N N J J Y D
O R E N Z F M J K K C H R G S N V Z R
O N N B R F T E H U H C S D A R O P A
R U O G U J Y Q T T X O J Z R M V L U
G N P D B A R M P C F L S M Q K P A G
M C R A L W N L G Z Z L P J E H E D H
J T F K V G Y H R U R U A P E H R L S
Q H Q L L U T R A P E Z R A H M E N A
J J J Y F L H U K I N D E R S I T Z B

S	V	R	U	L	Q	D	G	Y	Y	H	Q	O	U	P	D	S	C	O
E	R	L	E	G	A	M	J	P	P	X	F	V	W	P	Z	N	Q	X
C	P	Y	K	N	C	P	T	H	Y	T	I	G	Q	O	V	P	S	C
V	X	G	M	P	N	B	K	J	L	S	Y	G	A	J	G	N	H	A
O	C	H	C	R	V	N	P	H	J	P	M	R	H	H	D	U	L	L
R	F	A	I	R	U	C	C	Z	A	A	C	G	M	J	N	P	S	V
N	P	S	B	Y	F	E	H	N	F	X	I	C	Z	K	K	D	V	D
M	W	E	X	I	A	L	C	A	L	L	W	F	Z	Y	G	B	A	G
Y	M	W	X	B	G	A	O	K	I	Z	J	D	W	K	W	R	R	Y
R	N	W	W	U	T	S	M	W	L	N	Q	Y	C	Q	A	A	U	E
A	P	B	A	A	M	P	H	I	Q	I	S	V	K	H	J	K	R	W
H	K	U	V	C	N	E	M	H	A	R	C	U	T	H	J	E	C	S
M	H	I	K	H	D	I	H	E	F	O	G	H	C	N	H	B	W	D
E	T	E	V	U	G	X	W	O	Q	F	C	M	T	K	T	O	I	C
N	S	O	P	E	T	Q	Y	A	R	I	H	D	R	H	P	O	H	U
H	P	C	R	T	J	N	E	F	I	E	R	T	W	B	K	S	V	B
O	E	G	N	U	T	L	A	H	C	S	G	N	A	G	N	T	T	K
E	P	D	S	J	H	Z	T	K	M	O	R	N	I	N	S	E	H	C
H	W	C	H	A	G	F	Z	N	H	O	E	N	L	Q	N	R	W	Z
E	Y	A	D	G	O	P	W	E	L	T	K	W	H	E	S	V	S	L
Y	U	Q	G	U	X	O	J	O	F	Y	N	K	H	A	E	D	G	T
D	O	Q	K	B	U	E	G	E	L	S	C	H	L	O	S	S	Z	B
S	C	U	U	X	T	K	D	L	U	F	F	H	N	A	N	A	I	E
R	E	T	L	A	H	D	N	A	T	S	B	A	B	S	P	T	Z	B

GANGSCHALTUNG
BUEGELSCHLOSS
BRAKEBOOSTER
RAHMENHOEHE
RAHMEN
FLOW
ABSTANDHALTER
RUECKLICHT
REIFEN
CHAINSUCK

Lösung

S	V	R	U	L	Q	D	G	Y	Y	H	Q	O	U	P	D	S	C	O
E	R	L	E	G	A	M	J	P	P	X	F	V	W	P	Z	N	Q	X
C	P	Y	K	N	C	P	T	H	Y	T	I	G	Q	O	V	P	S	C
V	X	G	M	P	N	B	K	J	L	S	Y	G	A	J	G	N	H	A
O	C	H	C	R	V	N	P	H	J	P	M	R	H	H	D	U	L	L
R	F	A	I	R	U	C	C	Z	A	A	C	G	M	J	N	P	S	V
N	P	S	B	Y	F	E	H	N	F	X	I	C	Z	K	K	D	V	D
M	W	E	X	I	A	L	C	A	L	L	W	F	Z	Y	G	B	A	G
Y	M	W	X	B	G	A	O	K	I	Z	J	D	W	K	W	R	R	Y
R	N	W	W	U	T	S	M	W	L	N	Q	Y	C	Q	A	A	U	E
A	P	B	A	A	M	P	H	I	Q	I	S	V	K	H	J	K	R	W
H	K	U	V	C	N	E	M	H	A	R	C	U	T	H	J	E	C	S
M	H	I	K	H	D	I	H	E	F	O	G	H	C	N	H	B	W	D
E	T	E	V	U	G	X	W	O	Q	F	C	M	T	K	T	O	I	C
N	S	O	P	E	T	Q	Y	A	R	I	H	D	R	H	P	O	H	U
H	P	C	R	T	J	N	E	F	I	E	R	T	W	B	K	S	V	B
O	E	G	N	U	T	L	A	H	C	S	G	N	A	G	N	T	T	K
E	P	D	S	J	H	Z	T	K	M	O	R	N	I	N	S	E	H	C
H	W	C	H	A	G	F	Z	N	H	O	E	N	L	Q	N	R	W	Z
E	Y	A	D	G	O	P	W	E	L	T	K	W	H	E	S	V	S	L
Y	U	Q	G	U	X	O	J	O	F	Y	N	K	H	A	E	D	G	T
D	O	Q	K	B	U	E	G	E	L	S	C	H	L	O	S	S	Z	B
S	C	U	U	X	T	K	D	L	U	F	F	H	N	A	N	A	I	E
R	E	T	L	A	H	D	N	A	T	S	B	A	B	S	P	T	Z	B

D	V	O	F	O	D	Z	R	Y	V	S	Q	L	R	P	M	I	E	A
A	L	B	O	N	M	U	V	T	R	E	T	K	U	R	B	E	L	F
F	U	N	V	G	J	U	P	O	S	F	B	U	R	U	E	O	O	G
Q	E	N	U	N	P	W	U	M	C	V	G	K	P	C	D	J	Q	W
Y	A	G	W	F	F	A	A	O	L	G	S	J	U	X	E	H	S	S
G	L	M	B	A	W	Y	A	N	N	I	E	S	F	Q	L	L	J	N
H	L	A	N	C	T	E	H	D	N	W	D	E	R	C	S	N	A	W
D	O	G	H	H	I	K	N	G	N	J	L	P	O	N	T	V	Y	G
X	Y	X	C	W	Q	U	L	L	I	H	N	W	O	D	A	M	B	A
W	L	J	G	H	N	E	T	P	P	V	L	H	S	T	H	A	M	A
Z	E	C	G	A	T	R	Q	V	R	F	B	M	O	O	L	K	K	C
M	V	Q	L	R	L	R	I	H	I	K	X	L	X	U	Y	Q	P	O
C	E	U	A	U	H	X	U	W	L	S	Q	T	F	M	T	N	V	Y
C	R	I	Q	U	V	K	A	B	A	R	U	I	V	A	B	H	C	R
P	L	V	L	E	L	E	N	K	E	R	V	O	R	B	A	U	Q	I
G	L	V	E	O	B	O	C	D	Q	F	C	M	S	E	I	K	Q	I
R	O	U	T	E	M	S	H	C	E	T	W	O	L	L	O	H	J	E
F	B	D	T	X	Q	U	P	B	A	M	N	F	A	G	G	G	N	G
Z	E	M	A	X	X	G	R	R	N	S	H	Q	Z	X	W	Q	E	M
F	X	T	S	G	P	L	K	M	A	Q	J	T	P	F	G	E	N	G
M	G	K	L	W	N	V	P	K	Q	K	F	G	Z	S	R	T	Y	J
C	T	L	E	X	X	T	O	O	E	T	P	L	N	J	V	Z	G	C
H	L	L	G	R	O	P	U	M	P	T	R	A	C	K	B	Y	J	O
F	Y	B	T	R	G	L	X	H	D	O	U	X	M	S	B	V	E	M

ALLOYLEVER
ROUTE
SINGLETRAIL
HOLLOWTECH
GELSATTEL

DOWNHILL
LENKERVORBAU
EDELSTAHL
PUMPTRACK
TRETKURBEL

Lösung

D V O F O D Z R Y V S Q L R P M I E A
A L B O N M U V T R E T K U R B E L F
F U N V G J U P O S F B U R U E O O G
Q E N U N P W U M C V G K P C D J Q W
Y A G W F F A A O L G S J U X E H S S
G L M B A W Y A N N I E S F Q L L J N
H L A N C T E H D N W D E R C S N A W
D O G H H I K N G N J L P O N T V Y G
X Y X C W Q U L L I H N W O D A M B A
W L J G H N E T P P V L H S T H A M A
Z E C G A T R Q V R F B M O O L K K C
M V Q L R L R I H I K X L X U Y Q P O
C E U A U H X U W L S Q T F M T N V Y
C R I Q U V K A B A R U I V A B H C R
P L V L E L E N K E R V O R B A U Q I
G L V E O B O C D Q F C M S E I K Q I
R O U T E M S H C E T W O L L O H J E
F B D T X Q U P B A M N F A G G G N G
Z E M A X X G R R N S H Q Z X W Q E M
F X T S G P L K M A Q J T P F G E N G
M G K L W N V P K Q K F G Z S R T Y J
C T L E X X T O O E T P L N J V Z G C
H L L G R O P U M P T R A C K B Y J O
F Y B T R G L X H D O U X M S B V E M

O	Z	Z	J	H	I	U	V	S	W	M	K	P	K	K	L	F	D	E
T	F	E	Z	G	V	W	X	P	S	T	E	U	E	R	S	A	T	Z
U	Z	T	G	Y	R	M	V	C	P	Y	S	R	M	T	H	N	J	Z
S	B	M	Y	V	J	T	O	N	D	S	A	B	P	D	Y	L	F	Y
E	J	C	D	J	Y	A	A	K	J	T	Z	S	E	V	H	M	J	V
H	A	K	E	N	P	E	D	A	L	E	X	W	D	U	A	J	N	Y
W	E	D	A	U	Z	S	Q	S	J	E	E	S	A	E	S	A	P	K
K	F	H	P	Y	Q	F	S	E	Q	R	R	G	L	R	U	D	G	I
N	C	I	O	Z	S	W	M	V	Q	H	H	R	T	E	T	F	W	H
M	K	Y	U	E	S	J	H	D	T	O	S	W	A	G	M	Q	K	F
E	H	U	H	N	T	W	G	Y	N	R	T	Z	C	E	C	K	U	X
B	G	U	Z	N	H	A	T	P	A	N	V	J	H	A	S	O	H	X
V	X	I	G	Q	K	E	R	W	B	S	R	M	O	R	H	P	B	H
D	E	I	E	S	U	U	F	R	E	J	W	O	M	T	Y	V	Y	D
U	U	U	A	Z	A	V	O	Q	E	V	S	R	E	D	D	O	C	Q
U	E	R	F	H	N	Y	B	S	N	D	D	E	T	A	C	R	F	E
F	E	C	Q	X	M	A	X	O	J	I	E	R	E	R	B	D	L	C
T	F	B	Q	M	U	W	G	W	B	Q	S	F	R	N	C	E	R	R
A	V	K	G	T	O	P	P	N	N	S	J	X	W	V	E	R	N	L
A	H	E	Z	A	Q	J	N	Q	A	A	H	X	Q	T	E	B	P	J
S	L	Y	M	G	Y	K	C	D	S	G	W	J	C	Z	R	A	W	Z
M	H	Q	L	L	B	T	Q	D	T	J	F	X	Q	Q	G	U	H	V
V	D	V	F	S	T	H	Z	K	B	M	Y	R	B	C	L	M	A	W
V	O	B	B	X	N	W	Y	J	V	T	R	O	I	H	N	O	Z	T

5

STEERHORNS
TACHOMETER
RADTRAEGER
FEDERRATE
GANGANZEIGE
NABE
VORDERBAU
HAKENPEDAL
PEDAL
STEUERSATZ

Lösung

O Z Z J H I U V S W M K P K K L F D E
T F E Z G V W X P S T E U E R S A T Z
U Z T G Y R M V C P Y S R M T H N J Z
S B M Y V J T O N D S A B P D Y L F Y
E J C D J Y A A K J T Z S E V H M J V
H A K E N P E D A L E X W D U A J N Y
W E D A U Z S Q S J E E S A E S A P K
K F H P Y Q F S E Q R R G L R U D G I
N C I O Z S W M V Q H H R T E T F W H
M K Y U E S J H D T O S W A G M Q K F
E H U H N T W G Y N R T Z C E C K U X
B G U Z N H A T P A N V J H A S O H X
V X I G Q K E R W B S R M O R H P B H
D E I E S U U F R E J W O M T Y V Y D
U U U A Z A V O Q E V S R E D D O C Q
U E R F H N Y B S N D D E T A C R F E
F E C Q X M A X O J I E R E R B D L C
T F B Q M U W G W B Q S F R N C E R R
A V K G T O P P N N S J X W V E R N L
A H E Z A Q J N Q A A H X Q T E B P J
S L Y M G Y K C D S G W J C Z R A W Z
M H Q L L B T Q D T J F X Q Q G U H V
V D V F S T H Z K B M Y R B C L M A W
V O B B X N W Y J V T R O I H N O Z T

N	T	W	C	A	P	O	T	E	L	B	A	T	R	I	S	P	V	W
O	H	G	K	C	S	T	W	U	Y	W	M	U	F	H	L	C	E	S
B	Q	F	X	X	G	C	V	V	I	M	O	Z	U	M	U	O	T	J
R	M	S	N	S	N	E	F	I	E	R	T	L	A	F	R	U	W	X
A	X	P	S	F	G	M	C	J	W	X	D	P	W	L	P	I	E	C
C	X	H	N	E	H	C	L	L	E	O	R	T	I	E	L	V	R	E
Z	G	C	E	Q	A	J	W	I	L	U	S	W	H	Z	J	S	Y	R
C	B	E	I	R	P	D	J	W	B	K	I	S	R	E	Z	W	Z	S
D	M	L	R	A	Q	P	L	Z	F	N	I	H	W	X	N	I	K	F
L	U	B	M	T	B	Z	L	W	J	T	Q	S	S	Q	C	Z	G	F
H	I	Z	G	J	N	W	Y	P	Z	F	D	C	I	X	G	M	M	T
Q	G	T	N	H	R	Z	N	R	N	N	H	T	Q	G	L	U	T	F
K	I	U	I	B	H	U	O	N	R	A	C	V	B	U	H	K	K	I
E	R	H	B	A	W	H	A	C	L	Z	J	Z	F	W	A	S	D	H
T	A	C	Z	O	R	M	W	T	Q	S	C	J	D	X	R	R	V	S
T	T	S	W	B	F	X	A	C	A	O	S	U	G	Q	D	D	A	P
E	A	Z	R	I	M	U	V	D	I	M	J	Y	I	V	T	V	A	I
Y	S	U	X	P	G	E	Y	R	M	F	W	H	I	Y	A	X	W	R
T	F	N	M	E	A	L	I	N	Z	S	E	X	A	E	I	R	R	G
N	K	L	A	M	V	P	Y	A	P	V	X	Q	R	Z	L	S	G	I
Z	Y	K	E	L	Y	M	Z	G	P	L	C	W	B	A	F	G	X	K
P	A	A	C	V	P	A	W	H	D	T	I	V	C	E	V	V	J	E
D	H	D	M	L	A	F	Y	Y	G	H	G	Q	D	G	L	T	D	Y
W	K	W	P	I	Q	M	T	S	L	X	S	M	A	M	Y	B	O	B

LEITROELLCHEN
GRIPSHIFT
HARDTAIL
FALTREIFEN
SITZROHR

SCHALTAUGE
CARBON
KETTE
SCHUTZBLECH
TABLETOP

Lösung

N T W C A P O T E L B A T R I S P V W
O H G K C S T W U Y W M U F H L C E S
B Q F X X G C V V I M O Z U M U O T J
R M S N S N E F I E R T L A F R U W X
A X P S F G M C J W X D P W L P I E C
C X H N E H C L L E O R T I E L V R E
Z G C E Q A J W I L U S W H Z J S Y R
C B E I R P D J W B K I S R E Z W Z S
D M L R A Q P L Z F N I H W X N I K F
L U B M T B Z L W J T Q S S Q C Z G F
H I Z G J N W Y P Z F D C I X G M M T
Q G T N H R Z N R N N H T Q G L U T F
K I U I B H U O N R A C V B U H K K I
E R H B A W H A C L Z J Z F W A S D H
T A C Z O R M W T Q S C J D X R R V S
T T S W B F X A C A O S U G Q D D A P
E A Z R I M U V D I M J Y I V T V A I
Y S U X P G E Y R M F W H I Y A X W R
T F N M E A L I N Z S E X A E I R R G
N K L A M V P Y A P V X Q R Z L S G I
Z Y K E L Y M Z G P L C W B A F G X K
P A A C V P A W H D T I V C E V V J E
D H D M L A F Y Y G H G Q D G L T D Y
W K W P I Q M T S L X S M A M Y B O B

W	R	D	P	I	L	Q	N	B	I	H	U	Y	N	J	V	B	Q	H
V	V	H	R	Z	J	D	Y	A	L	Y	N	K	K	D	E	Y	J	Q
I	E	J	S	N	Q	Y	P	P	Y	S	U	H	T	Z	C	R	E	C
P	A	F	Y	Q	V	M	W	Z	K	R	N	T	P	R	E	R	X	I
X	N	F	X	P	A	N	K	A	P	T	Q	X	S	I	G	N	M	N
E	X	L	X	C	U	O	E	M	D	A	H	N	O	R	A	X	Q	R
L	K	W	A	A	H	O	V	I	H	C	S	J	A	R	Z	E	K	O
G	U	U	V	D	Z	O	T	F	X	R	J	O	R	T	E	G	K	H
G	M	A	N	T	E	L	F	Q	T	M	L	B	O	I	L	M	V	H
O	N	Y	U	B	Q	P	R	A	M	S	K	U	L	B	L	D	X	S
G	W	E	W	N	M	T	M	F	M	W	J	V	L	B	E	V	V	G
E	P	A	D	R	J	L	B	E	S	E	I	R	W	R	U	X	A	O
L	I	J	Q	V	V	Q	Y	S	T	V	U	G	I	E	K	J	R	L
K	M	P	Q	X	V	D	B	I	O	S	P	U	D	M	B	F	L	K
V	O	C	O	I	Z	W	O	A	I	U	Y	S	E	S	O	E	W	C
W	S	G	R	M	H	N	O	U	V	A	K	S	R	H	H	Y	T	A
C	H	K	E	U	A	B	R	E	T	N	I	H	S	E	T	Y	P	R
N	T	T	W	O	N	F	V	P	K	Y	W	Y	T	B	O	X	K	T
O	U	K	L	I	K	O	B	Q	G	C	L	H	A	E	T	P	L	E
N	H	P	P	T	Q	X	F	V	M	Y	Q	Z	N	L	L	Y	B	G
U	E	W	S	X	O	K	W	M	C	W	E	A	D	R	V	M	L	P
H	G	M	P	J	H	M	B	T	Q	Z	J	H	N	R	G	Z	A	S
E	Y	E	Y	T	G	X	S	E	I	L	L	U	F	T	P	K	P	J
X	Z	K	G	K	N	P	J	N	R	O	N	C	L	N	A	U	X	X

MANTEL
HINTERBAU
SYSTEMPEDAL
GAZELLE
ROLLWIDERSTAND

BREMSHEBEL
GOGGLE
TRACKLOGS
FULLIES
HORN

Lösung

W	R	D	P	I	L	Q	N	B	I	H	U	Y	N	J	V	B	Q	H
V	V	H	R	Z	J	D	Y	A	L	Y	N	K	K	D	E	Y	J	Q
I	E	J	S	N	Q	Y	P	P	Y	S	U	H	T	Z	C	R	E	C
P	A	F	Y	Q	V	M	W	Z	K	R	N	T	P	R	E	R	X	I
X	N	F	X	P	A	N	K	A	P	T	Q	X	S	I	G	N	M	N
E	X	L	X	C	U	O	E	M	D	A	H	N	O	R	A	X	Q	R
L	K	W	A	A	H	O	V	I	H	C	S	J	A	R	Z	E	K	O
G	U	U	V	D	Z	O	T	F	X	R	J	O	R	T	E	G	K	H
G	M	A	N	T	E	L	F	Q	T	M	L	B	O	I	L	M	V	H
O	N	Y	U	B	Q	P	R	A	M	S	K	U	L	B	L	D	X	S
G	W	E	W	N	M	T	M	F	M	W	J	V	L	B	E	V	V	G
E	P	A	D	R	J	L	B	E	S	E	I	R	W	R	U	X	A	O
L	I	J	Q	V	V	Q	Y	S	T	V	U	G	I	E	K	J	R	L
K	M	P	Q	X	V	D	B	I	O	S	P	U	D	M	B	F	L	K
V	O	C	O	I	Z	W	O	A	I	U	Y	S	E	S	O	E	W	C
W	S	G	R	M	H	N	O	U	V	A	K	S	R	H	H	Y	T	A
C	H	K	E	U	A	B	R	E	T	N	I	H	S	E	T	Y	P	R
N	T	T	W	O	N	F	V	P	K	Y	W	Y	T	B	O	X	K	T
O	U	K	L	I	K	O	B	Q	G	C	L	H	A	E	T	P	L	E
N	H	P	P	T	Q	X	F	V	M	Y	Q	Z	N	L	L	Y	B	G
U	E	W	S	X	O	K	W	M	C	W	E	A	D	R	V	M	L	P
H	G	M	P	J	H	M	B	T	Q	Z	J	H	N	R	G	Z	A	S
E	Y	E	Y	T	G	X	S	E	I	L	L	U	F	T	P	K	P	J
X	Z	K	G	K	N	P	J	N	R	O	N	C	L	N	A	U	X	X

P	D	G	I	B	V	G	V	J	B	O	Q	P	M	J	T	Y	S	J
P	O	R	X	V	E	W	I	V	M	Z	M	K	V	Q	K	P	B	V
L	N	W	U	A	M	A	Y	G	K	L	J	V	S	Z	Z	V	G	C
P	I	S	E	C	G	G	X	U	U	A	V	I	L	I	D	N	K	F
H	B	S	G	R	K	Y	T	S	S	I	T	Q	F	M	W	R	X	B
K	I	E	J	T	S	S	X	K	X	Q	T	Z	Q	O	I	M	X	O
J	P	X	O	V	Y	T	T	E	Q	V	P	W	S	Q	F	N	Y	N
R	M	E	U	U	T	W	I	U	I	E	J	L	T	K	Q	P	Z	V
C	F	S	X	F	W	A	B	C	F	M	I	G	A	V	L	Y	J	R
Y	S	S	Q	Y	W	R	L	I	K	E	Q	G	N	Q	J	N	D	T
U	K	N	D	C	E	U	O	C	Q	S	N	X	D	C	Z	V	U	P
J	H	P	M	V	W	P	J	L	W	S	M	C	L	C	U	T	A	R
C	F	A	Z	O	K	H	E	U	L	A	N	K	I	I	V	Y	L	I
B	L	H	Y	E	S	H	C	A	U	E	K	J	C	B	A	T	P	V
N	P	O	J	U	D	X	X	S	U	A	N	O	H	E	H	O	I	D
V	P	U	T	J	F	H	V	P	C	O	Y	D	T	U	I	N	V	S
O	G	P	M	F	C	C	C	E	Y	E	N	O	Y	C	O	Z	O	P
O	L	E	N	K	E	R	V	E	U	C	Z	P	N	N	P	H	T	R
J	K	O	C	F	V	F	E	G	U	A	N	E	Z	T	A	K	J	A
R	C	O	M	A	W	G	E	L	X	R	T	P	Y	E	O	M	N	H
W	V	P	A	N	A	L	Z	F	U	B	F	C	D	D	B	J	O	P
Q	C	D	X	V	M	R	I	M	S	H	X	O	O	N	W	G	J	M
S	B	M	X	V	C	X	U	S	A	T	T	E	L	R	O	H	R	L
K	V	G	D	H	X	B	T	D	L	N	A	D	M	B	U	U	S	D

DUALPIVOT
ACHSE
ROLLENDYNAMO
DRUCKSTUFEN
SATTELROHR

LENKER
STANDLICHT
POWERSTICKS
KATZENAUGE
DURAACE

Lösung

P	D	G	I	B	V	G	V	J	B	O	Q	P	M	J	T	Y	S	J
P	O	R	X	V	E	W	I	V	M	Z	M	K	V	Q	K	P	B	V
L	N	W	U	A	M	A	Y	G	K	L	J	V	S	Z	Z	V	G	C
P	I	S	E	C	G	G	X	U	U	A	V	I	L	I	D	N	K	F
H	B	S	G	R	K	Y	T	S	S	I	T	Q	F	M	W	R	X	B
K	I	E	J	T	S	S	X	K	X	Q	T	Z	Q	O	I	M	X	O
J	P	X	O	V	Y	T	T	E	Q	V	P	W	S	Q	F	N	Y	N
R	M	E	U	U	T	W	I	U	I	E	J	L	T	K	Q	P	Z	V
C	F	S	X	F	W	A	B	C	F	M	I	G	A	V	L	Y	J	R
Y	S	S	Q	Y	W	R	L	I	K	E	Q	G	N	Q	J	N	D	T
U	K	N	D	C	E	U	O	C	Q	S	N	X	D	C	Z	V	U	P
J	H	P	M	V	W	P	J	L	W	S	M	C	L	C	U	T	A	R
C	F	A	Z	O	K	H	E	U	L	A	N	K	I	I	V	Y	L	I
B	L	H	Y	E	S	H	C	A	U	E	K	J	C	B	A	T	P	V
N	P	O	J	U	D	X	X	S	U	A	N	O	H	E	H	O	I	D
V	P	U	T	J	F	H	V	P	C	O	Y	D	T	U	I	N	V	S
O	G	P	M	F	C	C	C	E	Y	E	N	O	Y	C	O	Z	O	P
O	L	E	N	K	E	R	V	E	U	C	Z	P	N	N	P	H	T	R
J	K	O	C	F	V	F	E	G	U	A	N	E	Z	T	A	K	J	A
R	C	O	M	A	W	G	E	L	X	R	T	P	Y	E	O	M	N	H
W	V	P	A	N	A	L	Z	F	U	B	F	C	D	D	B	J	O	P
Q	C	D	X	V	M	R	I	M	S	H	X	O	O	N	W	G	J	M
S	B	M	X	V	C	X	U	S	A	T	T	E	L	R	O	H	R	L
K	V	G	D	H	X	B	T	D	L	N	A	D	M	B	U	U	S	D

A	P	F	P	Q	Q	F	P	J	W	P	V	H	J	U	G	E	U	C
S	A	T	T	E	L	H	W	U	N	S	N	A	W	S	D	Q	C	P
F	G	Q	W	R	R	U	Q	P	W	Y	Q	H	I	K	T	Q	M	A
Y	K	W	A	I	K	H	A	A	Z	Q	G	H	Y	L	F	U	D	I
C	L	S	I	C	U	X	W	J	J	O	C	N	R	L	H	H	M	H
K	G	W	S	G	T	H	P	S	U	K	A	K	C	M	V	W	Y	A
G	I	P	L	W	S	Q	X	V	K	K	G	C	S	X	D	G	J	Q
A	L	X	D	O	I	R	R	S	X	Z	L	X	T	Q	A	K	D	D
W	T	T	C	F	E	B	U	A	N	Q	G	M	F	F	U	A	Q	C
P	U	R	C	U	B	D	A	T	V	S	Q	I	C	I	M	X	C	X
A	Q	A	T	C	I	I	K	T	K	L	K	D	S	X	E	A	R	X
D	F	I	R	C	X	K	S	E	W	O	G	J	N	B	T	M	U	N
O	I	L	E	R	M	G	X	L	P	P	Y	Q	R	U	S	B	S	D
J	O	E	X	C	H	I	R	S	I	E	P	R	I	E	Y	L	Z	J
O	A	R	N	Q	Q	G	T	T	V	S	E	H	Z	V	S	A	J	K
D	N	B	Z	M	J	B	Y	U	I	T	D	O	F	O	K	D	G	T
V	Y	I	L	L	C	T	C	E	R	Y	A	T	O	Z	N	E	J	N
E	E	K	L	I	E	I	U	T	A	L	L	I	H	R	I	D	J	M
Q	K	E	U	X	H	B	I	Z	X	E	E	U	C	I	R	U	Y	T
G	B	C	M	Y	T	O	A	E	X	B	N	G	Z	M	T	H	J	H
P	K	G	M	H	A	H	N	G	R	Q	W	Q	K	L	N	M	O	M
T	H	C	I	L	N	E	G	O	L	A	H	P	R	L	O	X	P	V
R	H	F	Z	Y	G	F	Q	K	M	C	G	K	D	Z	C	V	G	B
F	J	I	N	A	R	G	E	T	L	U	N	V	S	P	X	S	U	L

PEDALEN
TRINKSYSTEM
SATTELSTUETZE
BLADED
SATTEL
GABEL
TRAILERBIKE
HALOGENLICHT
SLOPESTYLE
ULTEGRA

Lösung

A	P	F	P	Q	Q	F	P	J	W	P	V	H	J	U	G	E	U	C
S	A	T	T	E	L	H	W	U	N	S	N	A	W	S	D	Q	C	P
F	G	Q	W	R	R	U	Q	P	W	Y	Q	H	I	K	T	Q	M	A
Y	K	W	A	I	K	H	A	A	Z	Q	G	H	Y	L	F	U	D	I
C	L	S	I	C	U	X	W	J	J	O	C	N	R	L	H	H	M	H
K	G	W	S	G	T	H	P	S	U	K	A	K	C	M	V	W	Y	A
G	I	P	L	W	S	Q	X	V	K	K	G	C	S	X	D	G	J	Q
A	L	X	D	O	I	R	R	S	X	Z	L	X	T	Q	A	K	D	D
W	T	T	C	F	E	B	U	A	N	Q	G	M	F	F	U	A	Q	C
P	U	R	C	U	B	D	A	T	V	S	Q	I	C	I	M	X	C	X
A	Q	A	T	C	I	I	K	T	K	L	K	D	S	X	E	A	R	X
D	F	I	R	C	X	K	S	E	W	O	G	J	N	B	T	M	U	N
O	I	L	E	R	M	G	X	L	P	P	Y	Q	R	U	S	B	S	D
J	O	E	X	C	H	I	R	S	I	E	P	R	I	E	Y	L	Z	J
O	A	R	N	Q	Q	G	T	T	V	S	E	H	Z	V	S	A	J	K
D	N	B	Z	M	J	B	Y	U	I	T	D	O	F	O	K	D	G	T
V	Y	I	L	L	C	T	C	E	R	Y	A	T	O	Z	N	E	J	N
E	E	K	L	I	E	I	U	T	A	L	L	I	H	R	I	D	J	M
Q	K	E	U	X	H	B	I	Z	X	E	E	U	C	I	R	U	Y	T
G	B	C	M	Y	T	O	A	E	X	B	N	G	Z	M	T	H	J	H
P	K	G	M	H	A	H	N	G	R	Q	W	Q	K	L	N	M	O	M
T	H	C	I	L	N	E	G	O	L	A	H	P	R	L	O	X	P	V
R	H	F	Z	Y	G	F	Q	K	M	C	G	K	D	Z	C	V	G	B
F	J	I	N	A	R	G	E	T	L	U	N	V	S	P	X	S	U	L

Z	M	V	E	E	F	X	N	P	J	J	J	S	D	S	M	R	H	A
T	Y	L	E	H	U	Q	B	W	V	L	W	C	C	V	M	D	F	J
H	S	K	V	E	K	X	X	F	W	H	J	R	X	A	F	C	Y	P
X	I	E	P	O	Q	O	S	K	V	W	E	W	J	B	N	X	E	K
N	D	H	J	H	Z	C	K	J	Q	R	Y	C	E	L	K	I	Z	H
C	E	V	N	Z	W	I	A	B	H	C	I	J	Q	O	B	D	S	D
A	R	E	D	T	Z	Y	K	B	N	A	S	Q	N	N	D	N	S	U
R	G	G	A	I	C	R	R	B	E	S	J	I	F	A	R	H	B	H
E	W	Y	Y	S	P	S	B	Y	L	N	F	Q	N	S	A	L	Y	E
J	M	V	K	Q	I	V	E	L	E	I	R	Y	D	H	H	I	A	Q
D	S	R	S	R	F	A	G	M	Z	X	J	N	G	X	T	T	Z	M
D	U	Z	A	P	D	M	H	I	L	V	E	C	N	L	R	N	L	N
K	X	M	K	L	L	Z	E	K	K	R	V	F	J	H	E	E	V	S
E	K	G	T	K	E	R	U	E	A	T	X	U	B	W	I	V	G	A
C	O	Y	W	V	U	B	I	B	C	R	F	W	S	S	F	N	X	Q
I	R	Y	R	N	F	P	R	H	X	M	R	J	Z	Z	E	N	T	U
G	Z	Z	G	E	C	B	K	U	Q	U	E	I	J	M	N	E	V	J
O	M	A	D	O	J	N	J	P	K	F	E	Z	D	B	K	R	V	R
P	X	S	Y	N	L	J	W	A	U	F	S	Y	K	V	L	L	F	E
O	F	I	C	E	C	W	K	X	R	E	T	L	N	Y	K	E	U	T
E	X	S	G	T	S	W	C	B	L	R	Y	C	Z	G	C	Q	C	S
I	Q	A	U	U	R	H	N	J	T	A	L	Q	H	C	N	A	C	A
Y	M	T	E	K	R	R	Z	B	F	G	E	U	M	C	D	P	Y	O
N	C	P	Z	P	J	S	K	V	J	U	S	T	I	E	R	E	N	C

KURBELARME
SITZHOEHE
FREESTYLE
DRAHTREIFEN
JUSTIEREN
MUFFE
RENNVENTIL
KONIFIZIERUNG
BARENDS
COASTER

Lösung

Z M V E E F X N P J J J S D S M R H A
T Y L E H U Q B W V L W C C V M D F J
H S K V E K X X F W H J R X A F C Y P
X I E P O Q O S K V W E W J B N X E K
N D H J H Z C K J Q R Y C E L K I Z H
C E V N Z W I A B H C I J Q O B D S D
A R E D T Z Y K B N A S Q N N D N S U
R G G A I C R R B E S J I F A R H B H
E W Y Y S P S B Y L N F Q N S A L Y E
J M V K Q I V E L E I R Y D H H I A Q
D S R S R F A G M Z X J N G X T T Z M
D U Z A P D M H I L V E C N L R N L N
K X M K L L Z E K K R V F J H E E V S
E K G T K E R U E A T X U B W I V G A
C O Y W V U B I B C R F W S S F N X Q
I R Y R N F P R H X M R J Z Z E N T U
G Z Z G E C B K U Q U E I J M N E V J
O M A D O J N J P K F E Z D B K R V R
P X S Y N L J W A U F S Y K V L L F E
O F I C E C W K X R E T L N Y K E U T
E X S G T S W C B L R Y C Z G C Q C S
I Q A U U R H N J T A L Q H C N A C A
Y M T E K R R Z B F G E U M C D P Y O
N C P Z P J S K V J U S T I E R E N C

F	Z	D	V	O	R	B	A	U	M	K	D	P	B	D	T	T	J	W
X	I	W	Y	K	H	Q	L	C	D	M	L	V	D	X	N	E	Y	E
U	K	M	Z	Q	N	R	D	D	O	Z	U	X	J	L	L	D	T	M
T	F	M	F	M	E	D	B	Y	Y	Z	N	B	R	R	T	J	Y	H
R	P	O	U	D	C	K	E	L	C	O	C	V	M	R	K	U	S	Y
J	J	A	M	Q	L	H	S	H	I	Z	Z	S	M	V	E	H	A	M
N	Y	A	O	X	B	G	I	V	C	T	P	D	S	U	A	Q	X	V
E	K	J	D	P	R	D	G	C	M	S	Z	O	A	X	G	X	J	J
J	F	I	R	M	I	R	B	Q	K	H	A	V	G	B	V	I	A	F
H	J	W	Q	S	U	P	A	B	C	E	D	T	E	Z	L	U	N	T
S	T	E	U	E	R	R	O	H	R	E	N	T	L	N	A	S	D	S
Z	V	H	S	A	D	F	E	Z	W	P	R	W	J	E	T	J	G	E
S	D	K	K	T	O	R	V	G	W	E	E	G	A	R	T	I	C	U
T	M	R	C	M	H	T	F	K	T	L	R	O	W	Y	V	T	L	D
Z	R	T	A	O	O	B	W	L	F	U	X	M	Q	M	U	V	A	Q
F	K	A	Q	D	K	V	A	V	N	G	D	U	Q	G	J	O	Y	S
H	R	O	N	W	S	G	Q	F	S	F	N	F	G	D	C	K	Q	W
P	T	V	N	D	E	T	O	D	P	L	A	I	C	T	W	I	G	S
J	A	O	T	R	O	P	A	R	X	D	M	H	T	J	D	Y	A	V
P	I	C	S	I	U	N	R	N	A	B	E	I	W	U	Y	P	K	G
X	D	A	C	O	V	I	N	O	D	X	W	U	U	S	O	O	X	Q
G	T	W	N	V	F	S	R	E	H	E	I	Z	B	A	A	R	L	N
Z	N	M	C	L	R	U	P	F	U	O	E	N	W	O	P	M	M	R
G	R	X	N	D	A	I	P	J	U	R	H	L	O	X	B	P	T	Y

11

VORBAU
STEUERROHR
BLITZVENTIL
ABZIEHER
TRETLAGERSATZ
CHICKENWAY
RANDONNEUR
RADSTAND
ROUTING
SATTELTASCHE

Lösung

F Z D V O R B A U M K D P B D T T J W
X I W Y K H Q L C D M L V D X N E Y E
U K M Z Q N R D D O Z U X J L L D T M
T F M F M E D B Y Y Z N B R R T J Y H
R P O U D C K E L C O C V M R K U S Y
J J A M Q L H S H I Z Z S M V E H A M
N Y A O X B G I V C T P D S U A Q X V
E K J D P R D G C M S Z O A X G X J J
J F I R M I R B Q K H A V G B V I A F
H J W Q S U P A B C E D T E Z L U N T
S T E U E R R O H R E N T L N A S D S
Z V H S A D F E Z W P R W J E T J G E
S D K K T O R V G W E E G A R T I C U
T M R C M H T F K T L R O W Y V T L D
Z R T A O O B W L F U X M Q M U V A Q
F K A Q D K V A V N G D U Q G J O Y S
H R O N W S G Q F S F N F G D C K Q W
P T V N D E T O D P L A I C T W I G S
J A O T R O P A R X D M H T J D Y A V
P I C S I U N R N A B E I W U Y P K G
X D A C O V I N O D X W U U S O O X Q
G T W N V F S R E H E I Z B A A R L N
Z N M C L R U P F U O E N W O P M M R
G R X N D A I P J U R H L O X B P T Y

F	G	Q	Y	B	X	Q	Z	R	F	L	H	F	V	N	U	W	K	T
V	F	I	B	Y	U	L	W	W	N	Z	V	G	G	M	K	C	E	M
H	X	I	X	G	H	P	B	A	F	K	W	C	C	L	C	W	T	N
M	M	P	V	S	J	I	N	N	E	N	L	A	G	E	R	I	T	I
K	Z	D	E	N	F	M	C	K	Q	K	Q	Q	E	C	G	U	E	F
K	L	V	U	P	D	B	M	G	S	M	D	N	M	Y	B	M	N	A
G	F	T	D	U	Z	B	V	R	J	O	I	L	X	D	F	Q	B	L
C	M	I	C	A	F	M	W	I	J	B	Q	I	W	O	P	O	L	T
N	L	H	Y	K	V	G	D	Z	J	Z	M	T	J	Q	F	J	A	R
A	U	K	Q	J	T	B	S	B	X	D	D	J	R	U	N	J	T	A
I	N	B	U	S	S	C	H	L	U	E	S	S	E	L	L	D	T	D
P	E	V	I	E	S	R	T	W	K	C	F	A	E	A	A	H	K	P
R	J	I	P	O	M	S	D	F	Z	S	W	A	Z	T	N	D	Q	A
V	L	R	D	A	R	H	A	S	R	L	O	Y	V	O	O	Y	R	X
G	W	D	V	R	I	L	J	H	Q	E	W	K	Y	Z	G	D	Z	T
L	Z	U	G	E	P	A	E	C	K	T	R	A	E	G	E	R	C	T
Q	C	G	J	N	G	A	C	I	R	V	B	W	A	H	F	W	X	N
B	M	N	E	I	M	G	M	O	I	T	K	B	U	T	W	A	N	U
B	C	E	S	M	E	R	B	N	E	B	A	N	V	N	A	I	F	O
P	Y	I	A	J	B	T	Y	X	E	B	Z	V	F	L	T	J	F	M
E	J	L	S	L	X	R	G	F	O	J	N	N	W	X	H	B	Q	T
S	E	C	L	M	H	H	J	B	R	E	M	S	A	N	K	E	R	S
S	I	T	Z	S	T	R	E	B	E	N	F	B	D	Y	P	K	S	O
N	J	B	O	V	U	N	R	U	Z	C	H	R	O	M	S	J	G	P

12

NABENBREMSE
INBUSSCHLUESSEL
GEPAECKTRAEGER
BREMSANKER
INNENLAGER

KETTENBLATT
POSTMOUNT
SITZSTREBEN
FALTRAD
CHROM

Lösung

F	G	Q	Y	B	X	Q	Z	R	F	L	H	F	V	N	U	W	K	T
V	F	I	B	Y	U	L	W	W	N	Z	V	G	G	M	K	C	E	M
H	X	I	X	G	H	P	B	A	F	K	W	C	C	L	C	W	T	N
M	M	P	V	S	J	I	N	N	E	N	L	A	G	E	R	I	T	I
K	Z	D	E	N	F	M	C	K	Q	K	Q	Q	E	C	G	U	E	F
K	L	V	U	P	D	B	M	G	S	M	D	N	M	Y	B	M	N	A
G	F	T	D	U	Z	B	V	R	J	O	I	L	X	D	F	Q	B	L
C	M	I	C	A	F	M	W	I	J	B	Q	I	W	O	P	O	L	T
N	L	H	Y	K	V	G	D	Z	J	Z	M	T	J	Q	F	J	A	R
A	U	K	Q	J	T	B	S	B	X	D	D	J	R	U	N	J	T	A
I	N	B	U	S	S	C	H	L	U	E	S	S	E	L	L	D	T	D
P	E	V	I	E	S	R	T	W	K	C	F	A	E	A	A	H	K	P
R	J	I	P	O	M	S	D	F	Z	S	W	A	Z	T	N	D	Q	A
V	L	R	D	A	R	H	A	S	R	L	O	Y	V	O	O	Y	R	X
G	W	D	V	R	I	L	J	H	Q	E	W	K	Y	Z	G	D	Z	T
L	Z	U	G	E	P	A	E	C	K	T	R	A	E	G	E	R	C	T
Q	C	G	J	N	G	A	C	I	R	V	B	W	A	H	F	W	X	N
B	M	N	E	I	M	G	M	O	I	T	K	B	U	T	W	A	N	U
B	C	E	S	M	E	R	B	N	E	B	A	N	V	N	A	I	F	O
P	Y	I	A	J	B	T	Y	X	E	B	Z	V	F	L	T	J	F	M
E	J	L	S	L	X	R	G	F	O	J	N	N	W	X	H	B	Q	T
S	E	C	L	M	H	H	J	B	R	E	M	S	A	N	K	E	R	S
S	I	T	Z	S	T	R	E	B	E	N	F	B	D	Y	P	K	S	O
N	J	B	O	V	U	N	R	U	Z	C	H	R	O	M	S	J	G	P

W X W Y Y S X T D N M F Q T R I A J P
H A X E X V S F C Q T F X R Q K R M X
O X D R Z D L N A C H L A U F U Y P Q
Z N F Q F V Z X G S U A J D U K U S I
A Z H P V P N Z Q N R P M N K E M M J
E C V G P A G Z W J H L E L I T I F H
U R J L J E B A K M H Z Q P U T X E Y
M X G T N M Q G C K D X E U N E E L P
H O E S A T I V Z Q Y V G G J N D G E
V Q Q R P J I L C V F S R D R K U E R
S S Z A G A Q U M G U Q S B H A Q N G
Y K I G F S E K O P S I R T I S V B L
A O D L D A X L D S S Z M N E T S A I
N X P J D Q Y E Z K R E V X Z E P N D
F P F F N I O G Q A H K B A I N G D E
S D A Q R I R F E N T S I U T I N H L
N E L R C A N F M W S L H E T C N Z N
E G V J O I A C R A R W E J A N I B B
O Y Q R T L Q D C A M E G M J P W O T
N K E W L X Y H K F T D D F D M O O V
M A U F K E P X Y H N H D E A E Y H D
P X N D B R S O F T T A I L F G E W R
U L I G S L E N K E R B A N D V S Z E
T B U H M O F N V D L L M U U L C Z E

13

HYPERGLIDE
FEDERWEG
FELGENBAND
NACHLAUF
LENKERBAND
MIXED
DOWNTUBES
SOFTTAIL
KETTENKASTEN
TRISPOKES

Lösung

W	X	W	Y	Y	S	X	T	D	N	M	F	Q	T	R	I	A	J	P
H	A	X	E	X	V	S	F	C	Q	T	F	X	R	Q	K	R	M	X
O	X	D	R	Z	D	L	N	A	C	H	L	A	U	F	U	Y	P	Q
Z	N	F	Q	F	V	Z	X	G	S	U	A	J	D	U	K	U	S	I
A	Z	H	P	V	P	N	Z	Q	N	R	P	M	N	K	E	M	M	J
E	C	V	G	P	A	G	Z	W	J	H	L	E	L	I	T	I	F	H
U	R	J	L	J	E	B	A	K	M	H	Z	Q	P	U	T	X	E	Y
M	X	G	T	N	M	Q	G	C	K	D	X	E	U	N	E	E	L	P
H	O	E	S	A	T	I	V	Z	Q	Y	V	G	G	J	N	D	G	E
V	Q	Q	R	P	J	I	L	C	V	F	S	R	D	R	K	U	E	R
S	S	Z	A	G	A	Q	U	M	G	U	Q	S	B	H	A	Q	N	G
Y	K	I	G	F	S	E	K	O	P	S	I	R	T	I	S	V	B	L
A	O	D	L	D	A	X	L	D	S	S	Z	M	N	E	T	S	A	I
N	X	P	J	D	Q	Y	E	Z	K	R	E	V	X	Z	E	P	N	D
F	P	F	F	N	I	O	G	Q	A	H	K	B	A	I	N	G	D	E
S	D	A	Q	R	I	R	F	E	N	T	S	I	U	T	I	N	H	L
N	E	L	R	C	A	N	F	M	W	S	L	H	E	T	C	N	Z	N
E	G	V	J	O	I	A	C	R	A	R	W	E	J	A	N	I	B	B
O	Y	Q	R	T	L	Q	D	C	A	M	E	G	M	J	P	W	O	T
N	K	E	W	L	X	Y	H	K	F	T	D	D	F	D	M	O	O	V
M	A	U	F	K	E	P	X	Y	H	N	H	D	E	A	E	Y	H	D
P	X	N	D	B	R	S	O	F	T	T	A	I	L	F	G	E	W	R
U	L	I	G	S	L	E	N	K	E	R	B	A	N	D	V	S	Z	E
T	B	U	H	M	O	F	N	V	D	L	L	M	U	U	L	C	Z	E

M	Z	G	D	E	G	N	D	K	C	E	X	X	D	K	B	A	M	C
F	W	H	J	D	W	K	P	A	A	H	K	Y	T	N	X	R	G	R
X	G	C	B	O	J	K	W	S	F	C	E	L	W	Z	V	Y	N	R
B	V	K	U	Q	Y	D	X	S	E	S	T	K	T	G	Z	E	A	B
Q	F	U	E	I	R	D	T	E	S	A	T	W	W	I	O	Q	D	G
A	I	W	S	L	V	D	C	T	A	T	E	Q	M	B	T	Q	E	M
J	L	D	W	J	O	J	Z	T	T	K	N	I	G	P	R	U	L	I
O	X	E	L	H	J	J	U	E	T	C	N	A	I	Q	A	L	L	N
K	G	O	T	O	L	U	K	N	E	E	I	C	B	G	N	W	A	S
L	A	E	F	Q	R	I	O	N	L	A	E	H	L	T	H	X	G	A
T	J	A	H	D	Y	T	E	A	S	P	T	T	S	K	O	Z	E	T
K	M	L	H	G	C	Q	X	B	T	E	E	M	P	S	P	Z	R	I
A	D	F	V	J	N	M	K	E	R	G	R	R	E	L	P	D	W	X
L	L	E	I	N	E	Z	B	D	E	Q	A	D	I	G	V	S	P	F
E	R	Z	O	B	V	L	E	I	B	B	A	C	C	X	G	Q	D	M
Y	H	D	E	I	L	P	F	S	E	G	T	W	H	A	Y	Q	Q	H
F	U	V	A	O	E	L	Y	B	O	S	D	U	E	S	Y	T	Q	Y
F	S	W	T	Q	H	B	H	V	T	H	C	D	N	Q	K	U	A	H
T	Y	K	M	N	C	R	A	H	I	Z	R	A	I	Y	J	W	W	R
Z	V	X	Z	V	M	E	S	D	G	U	O	E	O	A	G	D	D	F
D	P	Y	C	K	C	M	O	H	Y	U	D	W	L	P	J	K	F	E
E	X	J	E	Y	M	S	C	N	J	S	S	E	W	D	J	S	C	X
K	A	U	D	Y	I	E	G	N	Z	S	W	K	N	V	A	U	S	A
M	V	C	S	H	F	N	B	C	W	R	E	G	R	E	C	R	O	A

SATTELSTREBE
ACHT
GEPAECKTASCHE
KASSETTENNABE
NADELLAGER
KETTENNIETER
SPEICHEN
BREMSEN
GOTO
RADLERHOSE

Lösung

M Z G D E G N D K C E X X D K B A M C
F W H J D W K P A A H K Y T N X R G R
X G C B O J K W S F C E L W Z V Y N R
B V K U Q Y D X S E S T K T G Z E A B
Q F U E I R D T E S A T W W I O Q D G
A I W S L V D C T A T E Q M B T Q E M
J L D W J O J Z T T K N I G P R U L I
O X E L H J J U E T C N A I Q A L L N
K G O T O L U K N E E I C B G N W A S
L A E F Q R I O N L A E H L T H X G A
T J A H D Y T E A S P T T S K O Z E T
K M L H G C Q X B T E E M P S P Z R I
A D F V J N M K E R G R R E L P D W X
L L E I N E Z B D E Q A D I G V S P F
E R Z O B V L E I B B A C C X G Q D M
Y H D E I L P F S E G T W H A Y Q Q H
F U V A O E L Y B O S D U E S Y T Q Y
F S W T Q H B H V T H C D N Q K U A H
T Y K M N C R A H I Z R A I Y J W W R
Z V X Z V M E S D G U O E O A G D D F
D P Y C K C M O H Y U D W L P J K F E
E X J E Y M S C N J S S E W D J S C X
K A U D Y I E G N Z S W K N V A U S A
M V C S H F N B C W R E G R E C R O A

X	L	E	N	K	E	R	G	R	I	F	F	E	S	V	C	T	K	D
Y	C	K	L	N	J	D	G	W	K	U	M	C	P	O	U	P	L	J
G	Y	Z	E	M	X	Y	C	K	T	J	J	K	Q	B	A	E	D	B
Y	E	B	B	U	K	L	P	A	T	S	T	S	H	Q	F	M	N	W
N	O	R	A	F	A	Z	V	U	C	T	F	K	N	N	Z	J	N	V
U	V	I	G	G	N	Q	H	F	Y	E	H	C	M	N	Y	O	L	H
F	C	Z	R	R	I	J	I	M	W	U	W	Z	B	G	C	L	F	Z
B	B	Z	E	H	H	E	Q	J	E	E	R	E	R	K	V	W	P	A
H	N	H	D	X	F	R	Q	G	R	R	I	K	F	H	Z	H	W	B
W	P	G	E	D	N	T	S	I	A	K	S	C	A	E	I	V	A	V
M	X	G	F	E	K	W	V	N	Z	O	C	O	M	K	L	N	E	H
H	L	U	M	Z	L	H	Q	Z	Y	P	H	L	W	T	M	G	I	G
X	Z	Y	Z	I	C	K	C	T	I	F	A	G	O	A	I	U	E	K
H	T	M	P	S	L	D	D	P	V	G	L	H	I	N	M	G	B	R
M	I	G	L	R	P	Y	J	K	G	O	T	E	T	L	D	E	E	O
C	M	G	N	E	E	N	Y	M	D	M	U	R	Y	U	U	D	W	O
H	H	O	D	V	Z	A	C	F	O	L	N	D	V	T	I	U	W	E
J	J	P	K	O	Y	M	W	J	S	F	G	B	F	R	N	K	J	N
C	H	D	M	M	I	O	L	G	Z	D	V	J	W	J	L	L	C	W
L	W	R	G	H	P	S	T	C	U	J	P	O	Y	L	Z	N	Q	C
R	D	D	N	H	Z	R	E	K	N	E	L	E	G	N	I	E	Q	U
O	C	T	L	R	B	M	F	K	N	W	L	R	T	E	Y	H	J	Z
C	K	M	L	W	M	C	H	P	P	I	F	E	T	D	X	M	R	J
W	N	F	H	S	T	I	I	L	R	X	V	L	B	M	S	S	U	S

15

LENKERGRIFFE
FEDERGABEL
STEUERKOPF
LOWRIDER
DREHGLOCKE

DYNAMOS
FELGE
OVERSIZED
SCHALTUNG
EINGELENKER

Lösung

X	L	E	N	K	E	R	G	R	I	F	F	E	S	V	C	T	K	D
Y	C	K	L	N	J	D	G	W	K	U	M	C	P	O	U	P	L	J
G	Y	Z	E	M	X	Y	C	K	T	J	J	K	Q	B	A	E	D	B
Y	E	B	B	U	K	L	P	A	T	S	T	S	H	Q	F	M	N	W
N	O	R	A	F	A	Z	V	U	C	T	F	K	N	N	Z	J	N	V
U	V	I	G	G	N	Q	H	F	Y	E	H	C	M	N	Y	O	L	H
F	C	Z	R	R	I	J	I	M	W	U	W	Z	B	G	C	L	F	Z
B	B	Z	E	H	H	E	Q	J	E	E	R	E	R	K	V	W	P	A
H	N	H	D	X	F	R	Q	G	R	R	I	K	F	H	Z	H	W	B
W	P	G	E	D	N	T	S	I	A	K	S	C	A	E	I	V	A	V
M	X	G	F	E	K	W	V	N	Z	O	C	O	M	K	L	N	E	H
H	L	U	M	Z	L	H	Q	Z	Y	P	H	L	W	T	M	G	I	G
X	Z	Y	Z	I	C	K	C	T	I	F	A	G	O	A	I	U	E	K
H	T	M	P	S	L	D	D	P	V	G	L	H	I	N	M	G	B	R
M	I	G	L	R	P	Y	J	K	G	O	T	E	T	L	D	E	E	O
C	M	G	N	E	E	N	Y	M	D	M	U	R	Y	U	U	D	W	O
H	H	O	D	V	Z	A	C	F	O	L	N	D	V	T	I	U	W	E
J	J	P	K	O	Y	M	W	J	S	F	G	B	F	R	N	K	J	N
C	H	D	M	M	I	O	L	G	Z	D	V	J	W	J	L	L	C	W
L	W	R	G	H	P	S	T	C	U	J	P	O	Y	L	Z	N	Q	C
R	D	D	N	H	Z	R	E	K	N	E	L	E	G	N	I	E	Q	U
O	C	T	L	R	B	M	F	K	N	W	L	R	T	E	Y	H	J	Z
C	K	M	L	W	M	C	H	P	P	I	F	E	T	D	X	M	R	J
W	N	F	H	S	T	I	I	L	R	X	V	L	B	M	S	S	U	S

K	D	R	Q	P	E	B	E	R	T	S	N	E	T	T	E	K	B	D
Y	S	O	J	U	P	H	D	W	R	O	A	B	X	B	A	H	W	K
B	T	M	X	F	S	D	X	O	R	E	W	H	L	H	Z	F	Q	U
T	K	R	K	N	O	N	U	T	P	H	W	V	A	S	H	X	Z	A
F	N	I	T	U	D	H	H	Q	T	G	D	X	D	A	Z	K	Z	H
Y	O	Y	B	T	C	S	B	B	V	D	R	J	E	A	L	P	Q	M
R	F	L	Y	D	H	G	Y	N	X	U	B	X	P	K	I	H	N	Z
F	E	H	K	O	D	N	E	P	P	A	H	S	K	L	Q	E	D	M
E	O	Z	R	S	M	T	A	V	W	X	M	R	C	O	E	H	N	C
D	T	E	J	Q	U	H	C	W	T	N	Z	C	I	K	P	A	R	S
E	R	O	T	K	E	L	F	E	R	S	H	L	L	A	D	R	R	C
R	N	O	M	S	L	I	O	C	I	L	E	H	K	G	H	S	M	A
B	X	M	D	Z	N	X	Y	R	K	W	Y	N	J	K	N	G	Q	B
E	S	W	A	L	K	Q	N	F	V	B	N	G	X	Q	F	R	E	N
I	L	X	J	H	M	T	P	D	I	X	K	X	P	Z	W	N	F	R
N	K	R	Z	T	A	P	F	O	E	D	F	L	Q	H	Q	H	K	H
E	J	H	F	T	A	Z	I	V	Q	B	D	F	R	W	D	A	A	T
R	Y	J	Q	T	O	F	F	Z	P	Z	E	W	E	S	S	Y	A	H
Z	L	B	Z	V	N	V	D	C	F	O	D	U	E	Y	Z	H	V	X
B	M	V	M	U	F	W	E	S	C	H	A	L	T	W	E	R	K	X
E	B	Q	G	C	U	D	R	A	I	S	I	N	E	N	X	F	E	D
C	S	W	C	Q	R	O	M	G	D	F	N	U	W	G	B	Z	V	F
A	P	D	F	N	Y	R	Y	E	Z	M	M	Z	Z	R	X	V	R	X
T	V	L	G	O	C	R	G	I	C	S	L	B	W	R	X	I	F	R

16

FEDERBEINE
DRAISINE
KLICKPEDAL
SCHALTWERK
DOUBLE
HELICOILS
KETTENSTREBE
NORTHSHORE
REFLEKTOR
SHAPPEN

Lösung

K	D	R	Q	P	E	B	E	R	T	S	N	E	T	T	E	K	B	D
Y	S	O	J	U	P	H	D	W	R	O	A	B	X	B	A	H	W	K
B	T	M	X	F	S	D	X	O	R	E	W	H	L	H	Z	F	Q	U
T	K	R	K	N	O	N	U	T	P	H	W	V	A	S	H	X	Z	A
F	N	I	T	U	D	H	H	Q	T	G	D	X	D	A	Z	K	Z	H
Y	O	Y	B	T	C	S	B	B	V	D	R	J	E	A	L	P	Q	M
R	F	L	Y	D	H	G	Y	N	X	U	B	X	P	K	I	H	N	Z
F	E	H	K	O	D	N	E	P	P	A	H	S	K	L	Q	E	D	M
E	O	Z	R	S	M	T	A	V	W	X	M	R	C	O	E	H	N	C
D	T	E	J	Q	U	H	C	W	T	N	Z	C	I	K	P	A	R	S
E	R	O	T	K	E	L	F	E	R	S	H	L	L	A	D	R	R	C
R	N	O	M	S	L	I	O	C	I	L	E	H	K	G	H	S	M	A
B	X	M	D	Z	N	X	Y	R	K	W	Y	N	J	K	N	G	Q	B
E	S	W	A	L	K	Q	N	F	V	B	N	G	X	Q	F	R	E	N
I	L	X	J	H	M	T	P	D	I	X	K	X	P	Z	W	N	F	R
N	K	R	Z	T	A	P	F	O	E	D	F	L	Q	H	Q	H	K	H
E	J	H	F	T	A	Z	I	V	Q	B	D	F	R	W	D	A	A	T
R	Y	J	Q	T	O	F	F	Z	P	Z	E	W	E	S	S	Y	A	H
Z	L	B	Z	V	N	V	D	C	F	O	D	U	E	Y	Z	H	V	X
B	M	V	M	U	F	W	E	S	C	H	A	L	T	W	E	R	K	X
E	B	Q	G	C	U	D	R	A	I	S	I	N	E	N	X	F	E	D
C	S	W	C	Q	R	O	M	G	D	F	N	U	W	G	B	Z	V	F
A	P	D	F	N	Y	R	Y	E	Z	M	M	Z	Z	R	X	V	R	X
T	V	L	G	O	C	R	G	I	C	S	L	B	W	R	X	I	F	R

U	E	C	O	P	K	S	U	S	K	T	D	N	Y	R	M	T	E	R
A	I	F	Q	K	O	V	E	K	V	M	H	Y	D	H	I	P	O	I
T	H	E	U	R	U	U	Q	V	S	A	T	I	H	R	M	Q	E	K
A	H	D	S	S	X	J	S	E	H	H	Q	J	W	U	U	K	O	C
C	R	E	C	F	K	A	J	H	X	E	S	M	P	T	B	A	Z	M
R	C	R	A	R	F	L	I	Q	S	T	A	L	F	O	B	G	B	R
H	D	E	H	U	C	Z	B	I	I	A	E	D	W	P	H	X	T	Q
W	U	L	N	Z	S	B	O	D	A	B	A	D	S	D	G	K	W	X
Y	R	E	T	H	P	F	U	P	A	J	E	Z	X	H	U	U	R	P
Z	C	M	C	R	D	B	A	G	M	N	Y	M	S	R	O	N	B	R
R	H	E	R	R	U	F	D	L	Z	R	E	R	B	P	P	K	M	O
I	S	N	C	G	B	C	A	U	L	D	Z	E	K	I	M	S	Y	B
T	T	T	D	M	D	W	G	Z	A	E	L	A	F	Y	L	M	Y	Y
Z	I	S	K	B	W	Q	L	N	V	K	N	V	O	X	B	A	W	O
E	E	C	O	B	L	A	D	R	E	V	Q	D	W	X	P	C	C	V
L	G	H	S	M	L	Q	R	I	F	H	A	N	E	Y	E	D	X	Q
D	Y	N	Y	A	U	L	L	Z	E	A	Y	N	P	N	T	I	R	X
L	C	L	Y	U	P	E	W	G	E	U	Y	J	A	W	F	W	F	P
H	Z	X	V	I	P	Z	N	H	W	W	C	X	H	Q	P	N	G	S
Y	M	G	L	H	O	Q	Z	P	T	S	U	F	X	I	T	C	G	H
A	Z	Q	K	X	T	J	B	V	I	S	M	A	M	M	V	H	V	F
K	A	S	S	E	T	T	E	Z	Z	R	K	K	J	X	Z	E	T	T
X	B	V	X	X	K	W	P	O	E	I	K	B	V	U	H	H	F	H
O	K	N	T	U	B	W	G	U	X	I	A	M	O	D	Y	Z	D	I

17

FEDERELEMENT
DURCHSTIEG
GABELPUMPE
TOPPULL
HEADSHOK

RITZEL
KURBELKEILE
KASSETTE
BOWDENZUG
AUSFALLENDEN

Lösung

U	E	C	O	P	K	S	U	S	K	T	D	N	Y	R	M	T	E	R
A	I	F	Q	K	O	V	E	K	V	M	H	Y	D	H	I	P	O	I
T	H	E	U	R	U	U	Q	V	S	A	T	I	H	R	M	Q	E	K
A	H	D	S	S	X	J	S	E	H	H	Q	J	W	U	U	K	O	C
C	R	E	C	F	K	A	J	H	X	E	S	M	P	T	B	A	Z	M
R	C	R	A	R	F	L	I	Q	S	T	A	L	F	O	B	G	B	R
H	D	E	H	U	C	Z	B	I	I	A	E	D	W	P	H	X	T	Q
W	U	L	N	Z	S	B	O	D	A	B	A	D	S	D	G	K	W	X
Y	R	E	T	H	P	F	U	P	A	J	E	Z	X	H	U	U	R	P
Z	C	M	C	R	D	B	A	G	M	N	Y	M	S	R	O	N	B	R
R	H	E	R	R	U	F	D	L	Z	R	E	R	B	P	P	K	M	O
I	S	N	C	G	B	C	A	U	L	D	Z	E	K	I	M	S	Y	B
T	T	T	D	M	D	W	G	Z	A	E	L	A	F	Y	L	M	Y	Y
Z	I	S	K	B	W	Q	L	N	V	K	N	V	O	X	B	A	W	O
E	E	C	O	B	L	A	D	R	E	V	Q	D	W	X	P	C	C	V
L	G	H	S	M	L	Q	R	I	F	H	A	N	E	Y	E	D	X	Q
D	Y	N	Y	A	U	L	L	Z	E	A	Y	N	P	N	T	I	R	X
L	C	L	Y	U	P	E	W	G	E	U	Y	J	A	W	F	W	F	P
H	Z	X	V	I	P	Z	N	H	W	W	C	X	H	Q	P	N	G	S
Y	M	G	L	H	O	Q	Z	P	T	S	U	F	X	I	T	C	G	H
A	Z	Q	K	X	T	J	B	V	I	S	M	A	M	M	V	H	V	F
K	A	S	S	E	T	T	E	Z	Z	R	K	K	J	X	Z	E	T	T
X	B	V	X	X	K	W	P	O	E	I	K	B	V	U	H	H	F	H
O	K	N	T	U	B	W	G	U	X	I	A	M	O	D	Y	Z	D	I

B	S	Z	Q	K	N	P	Y	R	X	G	Q	H	A	H	P	L	G	F
C	X	W	G	O	H	P	B	V	O	J	A	V	Y	G	D	S	F	M
T	E	A	B	J	C	W	A	G	T	V	K	M	J	K	U	L	K	V
A	P	W	G	D	U	T	V	S	U	E	V	Z	K	L	N	G	Y	C
X	C	C	Z	H	A	L	L	F	D	S	N	U	G	S	X	E	B	N
D	X	M	T	I	L	T	I	Z	O	S	S	N	M	D	B	I	U	D
M	S	A	E	O	H	O	F	T	E	E	N	E	A	E	Q	C	M	U
E	I	D	Q	U	C	H	R	R	I	E	R	A	T	C	F	X	R	A
W	T	A	G	K	S	A	S	R	E	G	V	A	Y	S	A	B	D	B
Y	U	K	A	G	K	F	C	M	H	I	S	K	D	I	A	Q	D	Q
C	S	V	N	T	S	Y	T	X	J	S	L	A	Y	N	T	W	I	W
R	X	S	I	U	K	R	H	A	L	D	J	A	Q	B	R	B	I	A
S	O	O	S	Y	P	Z	E	Y	Q	L	Z	B	U	V	I	N	W	M
P	N	R	Q	Q	X	G	N	T	U	H	U	W	F	F	T	K	S	V
S	D	M	E	C	R	S	E	F	F	S	Q	P	K	Q	R	J	E	Z
J	G	W	N	G	S	S	F	W	A	I	M	P	N	U	G	I	P	S
C	B	V	M	K	A	O	P	Z	G	K	H	G	I	W	Q	X	K	I
C	P	B	O	A	L	L	S	J	T	N	Q	S	Q	N	O	E	X	F
Q	J	G	G	L	O	N	T	R	R	E	Q	N	O	V	Z	D	O	Y
S	C	R	Q	Q	T	H	M	E	D	I	R	T	R	V	V	T	C	V
A	R	P	M	S	K	W	S	B	R	U	J	O	G	D	E	S	M	B
P	M	A	W	J	E	S	Q	Y	U	T	F	T	V	Q	K	R	C	J
Y	V	K	E	Q	K	O	T	Z	J	F	Z	J	N	O	M	S	I	S
I	M	T	B	Z	D	Y	M	A	A	R	S	U	T	F	C	T	M	R

URBAN BIKES
REVOSHIFTERS
FREILAUF
DOWNPULL
WEGPUNKTE

GUSSETS
TRIDEM
TRETLAGER
TRAKTION
SCHLAUCH

Lösung

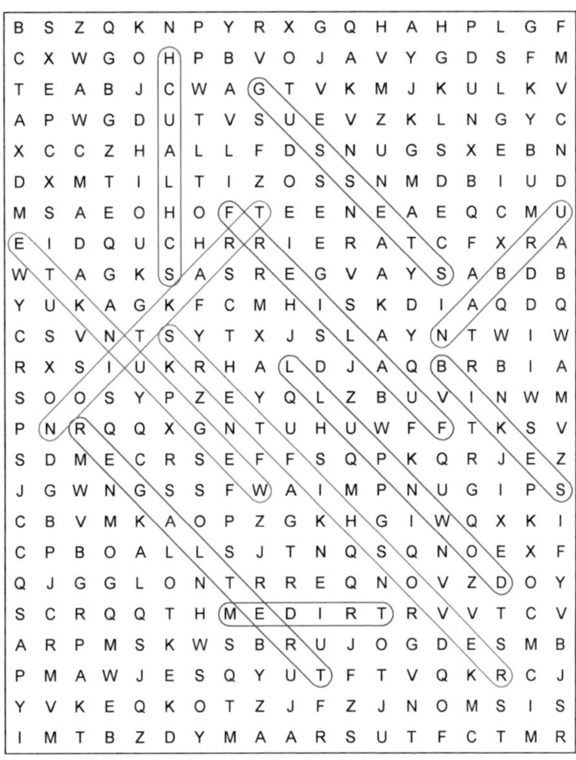

DAS

SCHACH

WORTSUCHRÄTSEL BUCH

A	U	W	N	O	I	T	A	T	O	N	H	C	A	H	C	S	Z	Q
F	F	L	U	C	H	T	F	E	L	D		F	A	G	A	Q	E	A
G	F	G	Q	T	Y	H	Z	E	I	N	S	T	E	L	L	E	N	T
W	B	N	P	V	T	Q	U	I	X	G	M	W	V	U	P	G	U	I
Q	R	J	G	D	B	T	G	C	D	M	W	X	Z	A	H	U	I	E
I	I	N	P	F	J	R	A	K	J	Z	U	J	N	H	K	J	N	H
E	B	Z	I	F	F	J	N	Z	P	C	R	K	W	D	X	Q	L	N
B	Q	A	Y	Q	M	Q	Z	F	P	A	Z	B	H	R	D	R	M	I
Y	J	Z	C	E	I	V	A	K	I	H	Q	L	L	L	D	W	F	E
A	Z	O	L	U	N	I	H	W	Q	S	Q	T	Q	F	V	K	H	N
Z	C	B	W	N	U	O	L	C	A	V	J	X	H	H	M	O	Q	R
U	U	L	E	G	E	U	L	F	S	G	I	N	E	O	K	R	Y	E
C	U	V	J	O	J	O	N	R	R	P	N	R	A	C	P	I	E	U
D	B	N	O	L	E	B	P	D	V	P	Q	F	P	F	A	L	N	A
A	U	S	L	O	S	U	N	G	T	P	O	D	P	K	H	O	G	B
C	P	G	L	F	P	U	X	K	V	F	D	N	N	S	W	V	E	M
X	L	Z	D	Z	A	B	B	R	U	C	H	T	U	R	N	I	E	R
G	Q	E	F	K	M	R	D	Z	T	F	A	G	C	K	G	N	T	N
U	E	Y	O	R	C	J	T	H	Y	C	S	D	P	Z	Q	I	C	Z
U	T	R	F	N	P	D	N	O	Y	H	E	U	L	S	X	L	Z	L
X	W	O	Z	D	Z	A	U	W	U	U	E	M	S	J	A	B	Y	M
V	S	V	L	G	V	E	Q	D	J	F	Z	W	G	Y	F	E	P	F
W	B	X	Y	H	R	G	G	L	P	B	L	S	J	B	U	H	D	Y
M	S	F	S	U	L	V	J	Q	V	W	D	X	E	N	R	U	P	B

SCHACHNOTATION
AUSLOSUNG
FLUCHTFELD
ABBRUCH
BAUERNEINHEIT

TURNIER
ELO
ZUGANZAHL
EINSTELLEN
KOENIGSFLUEGEL

Lösung

A	U	W	N	O	I	T	A	T	O	N	H	C	A	H	C	S	Z	Q
F	F	L	U	C	H	T	F	E	L	D		F	A	G	A	Q	E	A
G	F	G	Q	T	Y	H	Z	E	I	N	S	T	E	L	L	E	N	T
W	B	N	P	V	T	Q	U	I	X	G	M	W	V	U	P	G	U	I
Q	R	J	G	D	B	T	G	C	D	M	W	X	Z	A	H	U	I	E
I	I	N	P	F	J	R	A	K	J	Z	U	J	N	H	K	J	N	H
E	B	Z	I	F	F	J	N	Z	P	C	R	K	W	D	X	Q	L	N
B	Q	A	Y	Q	M	Q	Z	F	P	A	Z	B	H	R	D	R	M	I
Y	J	Z	C	E	I	V	A	K	I	H	Q	L	L	L	D	W	F	E
A	Z	O	L	U	N	I	H	W	Q	S	Q	T	Q	F	V	K	H	N
Z	C	B	W	N	U	O	L	C	A	V	J	X	H	H	M	O	Q	R
U	U	L	E	G	E	U	L	F	S	G	I	N	E	O	K	R	Y	E
C	U	V	J	O	J	O	N	R	R	P	N	R	A	C	P	I	E	U
D	B	N	O	L	E	B	P	D	V	P	Q	F	P	F	A	L	N	A
A	U	S	L	O	S	U	N	G	T	P	O	D	P	K	H	O	G	B
C	P	G	L	F	P	U	X	K	V	F	D	N	N	S	W	V	E	M
X	L	Z	D	Z	A	B	B	R	U	C	H	T	U	R	N	I	E	R
G	Q	E	F	K	M	R	D	Z	T	F	A	G	C	K	G	N	T	N
U	E	Y	O	R	C	J	T	H	Y	C	S	D	P	Z	Q	I	C	Z
U	T	R	F	N	P	D	N	O	Y	H	E	U	L	S	X	L	Z	L
X	W	O	Z	D	Z	A	U	W	U	U	E	M	S	J	A	B	Y	M
V	S	V	L	G	V	E	Q	D	J	F	Z	W	G	Y	F	E	P	F
W	B	X	Y	H	R	G	G	L	P	B	L	S	J	B	U	H	D	Y
M	S	F	S	U	L	V	J	Q	V	W	D	X	E	N	R	U	P	B

T I T L G F D X S D L K V B Z Q R L F
T P N F G Q O A P J A Z C J L Y Q K S
A U W Y A A B L I N D E N S C H A C H
M R A F P H M G D S K C D Y R O V K C
N Z L C I W C A B N E A P B Q B O T U
E S T D B I C S T U V N T C B M L U K
H L V V A I X Y R E N B A E P H A O X
I R H F O I W U G E U O H E R U M C L
E T B Q C H G W B S T R N C U B K N N
R T T E R B H C A H C S L Y I K Y H R
D G A D Z O Q F G I A R I N C A R H T
N N D M J V F L P T C U A E Y T O K G
U I U S L C M O I L N T R D M Q A O R
R F L Q G R O O N M I Q V F D T W B F
G A X B R H N P W O T D J O Y Y L A K
K E F M Q P N Z N N P G R B E N O E O
N O I T I S O P M O K H C A H C S C W
G I A Y F A Y J G O X F Q Z K N E K T
U B Y Y F X A Y T F Y H E K B G R X P
P I L L N F D A M E N F L U E G E L U
W A Y X S W S A N A W V G X S X R I G
F I T T E P V J X F M R S U L U L I I
Y A D T Y U W Q I D L U N E E N D H D
L G G D G R L J E T I U Z B C N K Z A

2

PATT
AMATEUR
KOMPENSATION
DAMENFLUEGEL
BLINDENSCHACH

KOMBINATION
SCHACHKOMPOSITION
WELTMEISTERSCHAFT
GRUNDREIHENMATT
SCHACHBRETT

Lösung

T I T L G F D X S D L K V B Z Q R L F
T P N F G Q O A P J A Z C J L Y Q K S
A U W Y A A B L I N D E N S C H A C H
M R A F P H M G D S K C D Y R O V K C
N Z L C I W C A B N E A P B Q B O T U
E S T D B I C S T U V N T C B M L U K
H L V V A I X Y R E N B A E P H A O X
I R H F O I W U G E U O H E R U M C L
E T B Q C H G W B S T R N C U B K N N
R T T E R B H C A H C S L Y I K Y H R
D G A D Z O Q F G I A R I N C A R H T
N N D M J V F L P T C U A E Y T O K G
U I U S L C M O I L N T R D M Q A O R
R F L Q G R O O N M I Q V F D T W B F
G A X B R H N P W O T D J O Y Y L A K
K E F M Q P N Z N N P G R B E N O E O
N O I T I S O P M O K H C A H C S C W
G I A Y F A Y J G O X F Q Z K N E K T
U B Y Y F X A Y T F Y H E K B G R X P
P I L L N F D A M E N F L U E G E L U
W A Y X S W S A N A W V G X S X R I G
F I T T E P V J X F M R S U L U L I I
Y A D T Y U W Q I D L U N E E N D H D
L G G D G R L J E T I U Z B C N K Z A

U	C	R	D	S	F	D	P	C	M	X	M	O	T	E	Y	E	Q	H
A	M	M	A	R	G	O	R	P	H	C	A	H	C	S	L	T	S	S
R	D	D	T	F	L	B	Y	L	B	N	C	B	Q	V	K	O	V	T
I	X	D	P	D	I	N	M	J	K	L	M	T	G	I	L	K	L	E
A	Q	V	U	V	E	G	F	H	W	E	F	S	N	F	I	K	A	L
B	U	K	H	P	T	O	E	G	A	G	K	Z	U	M	A	T	T	L
O	I	P	Z	Q	R	Q	I	A	Z	E	V	S	L	N	B	B	U	U
Q	R	O	Y	U	O	M	F	J	O	R	W	R	D	V	N	Y	R	N
C	H	I	D	C	V	Z	D	X	S	R	D	Q	N	R	O	H	S	G
U	W	D	R	U	S	U	H	B	Q	E	M	Z	A	L	D	W	C	A
J	N	I	F	X	G	U	G	G	K	I	V	O	W	X	C	G	N	F
S	S	T	J	S	N	G	N	W	C	N	Z	B	M	Y	J	R	E	J
G	T	L	L	B	U	P	D	B	B	R	X	X	U	B	Z	P	D	Z
J	D	M	Z	L	L	N	Z	E	Y	U	G	I	R	R	K	E	E	I
C	T	T	F	J	L	G	D	H	Q	T	I	D	J	R	G	R	I	H
N	Z	T	V	F	E	Z	Q	V	I	H	F	K	I	D	P	S	H	N
O	M	V	A	Q	T	T	B	C	S	C	H	S	N	D	W	Q	C	S
P	Y	X	K	M	S	T	Y	C	X	A	R	H	I	T	K	E	S	V
G	D	F	R	O	T	R	R	B	R	H	C	Z	V	Q	T	Z	T	S
M	J	Y	F	G	G	S	B	O	K	C	X	U	G	F	B	J	N	R
D	A	C	I	W	Z	Y	B	N	D	S	Q	O	S	G	N	I	E	N
W	O	N	S	C	Y	K	M	L	Y	N	W	W	U	Z	O	H	N	W
A	R	Q	J	O	E	K	T	D	E	V	I	Z	C	V	S	Y	U	M
V	W	W	P	W	D	N	T	N	U	S	Y	Y	F	K	X	O	I	C

3

MATT
SCHACHPROGRAMM
STELLUNGSVORTEIL
REGELN
STELLUNG
UNENTSCHIEDEN
ZUG
SCHACHTURNIER
UMWANDLUNG
SELBSTMATT

Lösung

U C R D S F D P C M X M O T E Y E Q H
A M M A R G O R P H C A H C S L T S S
R D D T F L B Y L B N C B Q V K O V T
I X D P D I N M J K L M T G I L K L E
A Q V U V E G F H W E F S N F I K A L
B U K H P T O E G A G K Z U M A T T L
O I P Z Q R Q I A Z E V S L N B B U U
Q R O Y U O M F J O R W R D V N Y R N
C H I D C V Z D X S R D Q N R O H S G
U W D R U S U H B Q E M Z A L D W C A
J N I F X G U G G K I V O W X C G N F
S S T J S N G N W C N Z B M Y J R E J
G T L L B U P D B B R X X U B Z P D Z
J D M Z L L N Z E Y U G I R R K E E I
C T T F J L G D H Q T I D J R G R I H
N Z T V F E Z Q V I H F K I D P S H N
O M V A Q T T B C S C H S N D W Q C S
P Y X K M S T Y C X A R H I T K E S V
G D F R O T R R B R H C Z V Q T Z T S
M J Y F G G S B O K C X U G F B J N R
D A C I W Z Y B N D S Q O S G N I E N
W O N S C Y K M L Y N W W U Z O H N W
A R Q J O E K T D E V I Z C V S Y U M
V W W P W D N T N U S Y Y F K X O I C

W	Z	F	F	E	F	O	P	B	W	O	A	Z	H	C	L	B	S	S
G	E	P	O	Y	X	S	J	O	B	R	M	I	M	A	W	U	Q	A
R	K	E	F	O	B	B	N	C	K	A	G	V	R	U	D	D	C	B
K	U	X	I	X	R	W	L	K	K	A	P	S	C	O	Z	W	U	J
T	Y	H	X	K	A	V	M	T	Y	Z	L	I	H	L	E	Y	E	A
F	Y	Q	U	J	D	N	B	N	A	P	W	H	T	T	D	M	B	J
N	E	F	S	W	I	Y	S	C	H	A	C	H	F	I	G	U	R	G
E	O	L	Y	P	S	M	A	D	J	V	R	I	P	G	R	A	Z	E
K	E	Q	X	H	Z	A	N	W	P	R	Z	U	P	D	K	V	B	G
C	Q	K	D	U	N	C	I	D	B	A	E	U	L	X	Z	W	O	E
E	F	A	F	G	M	N	J	F	H	Y	K	U	G	U	Q	M	X	N
U	F	I	S	Z	N	O	L	J	H	I	D	O	G	Y	I	G	M	S
R	B	O	H	G	G	Y	D	V	Z	Y	Z	X	Q	L	M	V	Y	E
T	R	E	T	I	E	L	F	P	M	A	K	T	T	E	W	Y	B	I
H	A	B	S	C	H	A	E	T	Z	U	N	G	A	U	Y	F	N	T
C	H	K	F	I	G	U	R	L	H	J	P	R	E	I	H	E	D	E
E	B	Z	Q	D	K	I	Q	C	Z	T	R	E	Z	F	A	A	L	D
R	B	V	M	Y	N	D	Z	E	I	S	B	C	E	I	E	U	S	U
U	S	E	B	O	D	Y	F	R	C	S	B	X	A	H	V	F	R	T
Z	Z	H	X	O	W	U	V	H	T	H	F	E	N	A	I	W	F	W
H	F	L	E	O	G	V	A	F	J	N	G	E	J	Y	F	O	C	Y
E	C	C	Z	B	W	C	P	C	S	A	P	W	Z	T	A	I	F	B
C	B	D	A	R	H	R	E	T	R	O	A	N	A	L	Y	S	E	I
C	E	Q	T	L	I	D	O	A	O	N	Q	K	L	B	Z	W	T	T

DAEHNE POKAL
ABSCHAETZUNG
WETTKAMPFLEITER
SCHACHFIGUR
GEGENSEITE
FIGUR ZURECHTRUECKEN
SCHACH
AM ZUG
RETROANALYSE
REIHE

Lösung

W	Z	F	F	E	F	O	P	B	W	O	A	Z	H	C	L	B	S	S
G	E	P	O	Y	X	S	J	O	B	R	M	I	M	A	W	U	Q	A
R	K	E	F	O	B	B	N	C	K	A	G	V	R	U	D	D	C	B
K	U	X	I	X	R	W	L	K	K	A	P	S	C	O	Z	W	U	J
T	Y	H	X	K	A	V	M	T	Y	Z	L	I	H	L	E	Y	E	A
F	Y	Q	U	J	D	N	B	N	A	P	W	H	T	T	D	M	B	J
N	E	F	S	W	I	Y	S	C	H	A	C	H	F	I	G	U	R	G
E	O	L	Y	P	S	M	A	D	J	V	R	I	P	G	R	A	Z	E
K	E	Q	X	H	Z	A	N	W	P	R	Z	U	P	D	K	V	B	G
C	Q	K	D	U	N	C	I	D	B	A	E	U	L	X	Z	W	O	E
E	F	A	F	G	M	N	J	F	H	Y	K	U	G	U	Q	M	X	N
U	F	I	S	Z	N	O	L	J	H	I	D	O	G	Y	I	G	M	S
R	B	O	H	G	G	Y	D	V	Z	Y	Z	X	Q	L	M	V	Y	E
T	R	E	T	I	E	L	F	P	M	A	K	T	T	E	W	Y	B	I
H	A	B	S	C	H	A	E	T	Z	U	N	G	A	U	Y	F	N	T
C	H	K	F	I	G	U	R	L	H	J	P	R	E	I	H	E	D	E
E	B	Z	Q	D	K	I	Q	C	Z	T	R	E	Z	F	A	A	L	D
R	B	V	M	Y	N	D	Z	E	I	S	B	C	E	I	E	U	S	U
U	S	E	B	O	D	Y	F	R	C	S	B	X	A	H	V	F	R	T
Z	Z	H	X	O	W	U	V	H	T	H	F	E	N	A	I	W	F	W
H	F	L	E	O	G	V	A	F	J	N	G	E	J	Y	F	O	C	Y
E	C	C	Z	B	W	C	P	C	S	A	P	W	Z	T	A	I	F	B
C	B	D	A	R	H	R	E	T	R	O	A	N	A	L	Y	S	E	I
C	E	Q	T	L	I	D	O	A	O	N	Q	K	L	B	Z	W	T	T

K	V	Q	O	X	C	M	B	R	B	B	E	F	H	N	V	W	Q	D
D	N	X	A	N	P	K	F	E	R	D	Z	T	S	O	L	L	R	G
J	Q	A	W	H	Q	O	H	A	E	N	G	E	P	A	R	T	I	E
Z	J	M	B	I	Q	S	R	S	H	I	R	T	R	V	O	K	O	K
M	P	X	U	N	X	Z	L	H	M	N	I	O	C	J	T	Z	O	C
R	Y	G	R	L	E	N	W	N	J	M	L	Z	C	V	E	P	N	A
N	B	E	E	E	F	T	V	D	L	S	H	K	F	H	M	E	S	O
E	S	Z	N	N	Q	V	A	J	K	J	D	M	V	E	A	N	O	C
J	G	P	M	K	Q	O	B	D	C	J	Z	W	T	Q	M	D	U	V
D	N	E	G	U	J	H	C	A	H	C	S	E	H	A	D	A	E	R
X	J	G	N	N	N	R	L	Q	R	C	U	M	T	F	O	O	Q	T
J	Q	K	U	G	Y	X	A	A	X	E	A	E	D	C	P	B	B	A
Y	S	F	N	I	I	S	A	E	S	U	R	H	E	A	A	I	X	R
F	B	Q	J	K	S	B	V	Z	M	I	T	T	C	D	O	V	B	S
E	U	R	G	I	I	J	R	G	A	A	L	T	T	S	K	L	I	T
I	F	E	A	Z	A	A	S	L	H	H	I	P	M	D	R	J	P	W
J	X	C	W	Z	W	D	V	Z	D	R	A	H	Y	O	V	E	D	D
J	O	K	B	H	D	E	C	X	B	K	P	J	P	C	W	V	C	V
C	F	J	C	P	R	H	I	L	F	S	M	A	T	T	I	V	W	X
G	F	S	N	L	H	Y	G	E	Z	B	L	Y	C	T	M	Z	D	I
K	S	O	U	T	E	H	W	R	Q	N	A	K	C	K	K	W	D	X
Q	D	S	N	X	Y	S	Y	Q	U	Q	G	H	T	Z	M	Y	D	P
P	T	U	A	T	J	J	V	X	Q	A	W	E	U	S	C	Q	C	G
A	E	B	G	U	U	R	Q	S	F	J	F	X	C	S	V	L	Z	N

5

HAENGEPARTIE
CAISSA
HINLENKUNG
ROCHADE
SCHWARZ

HILFSMATT
MATERIALVERLUST
SCHACHDATENBANK
SCHACHJUGEND
TEMPO

Lösung

K V Q O X C M B R B B E F H N V W Q D
D N X A N P K F E R D Z T S O L L R G
J Q A W H Q O H A E N G E P A R T I E
Z J M B I Q S R S H I R T R V O K O K
M P X U N X Z L H M N I O C J T Z O C
R Y G R L E N W N J M L Z C V E P N A
N B E E E F T V D L S H K F H M E S O
E S Z N N Q V A J K J D M V E A N O C
J G P M K Q O B D C J Z W T Q M D U V
D N E G U J H C A H C S E H A D A E R
X J G N N N R L Q R C U M T F O O Q T
J Q K U G Y X A A X E A E D C P B B A
Y S F N I I S A E S U R H E A A I X R
F B Q J K S B V Z M I T T C D O V B S
E U R G I I J R G A A L T T S K L I T
I F E A Z A A S L H H I P M D R J P W
J X C W Z W D V Z D R A H Y O V E D D
J O K B H D E C X B K P J P C W V C V
C F J C P R H I L F S M A T T I V W X
G F S N L H Y G E Z B L Y C T M Z D I
K S O U T E H W R Q N A K C K K W D X
Q D S N X Y S Y Q U Q G H T Z M Y D P
P T U A T J J V X Q A W E U S C Q C G
A E B G U U R Q S F J F X C S V L Z N

F	L	S	R	H	X	U	B	R	I	J	O	C	R	K	A	Y	W	K
F	J	Z	N	E	T	A	K	Z	J	Y	T	I	A	J	N	X	Y	Z
I	N	C	E	A	B	Q	A	O	R	E	T	Z	R	H	H	H	Q	B
R	T	H	Z	O	I	G	S	G	E	I	B	W	Z	F	Q	Z	Z	R
G	J	R	E	L	P	N	U	P	U	S	M	V	J	X	N	L	E	F
N	X	C	S	X	A	U	C	D	A	N	U	R	R	N	I	N	E	A
A	X	J	Y	L	R	L	G	A	B	Z	F	W	P	D	I	H	H	K
L	D	H	S	K	T	K	Z	K	L	H	J	B	A	E	Y	X	R	W
E	T	G	T	K	I	C	O	N	E	K	H	P	R	Y	K	A	Z	R
P	H	K	E	J	E	I	X	A	P	O	V	F	T	U	S	R	C	L
P	K	R	M	B	O	W	Q	A	I	P	T	C	I	Q	M	B	X	I
O	J	Y	M	W	G	B	U	B	R	E	Z	I	E	W	H	C	S	D
D	M	H	N	P	I	A	A	M	T	P	R	C	Z	A	F	D	U	O
B	S	Z	O	P	V	Y	J	R	A	U	Z	W	E	F	B	G	E	P
E	N	T	W	I	C	K	L	U	N	G	K	A	T	H	U	M	Q	P
B	Q	B	L	T	I	M	H	W	G	W	L	U	T	J	K	E	H	E
Y	G	D	U	R	E	N	C	V	N	W	B	C	E	G	P	W	N	L
E	K	G	J	Q	Z	E	F	J	N	A	Z	E	L	U	P	R	A	S
Y	R	N	V	S	X	M	A	V	R	U	D	D	V	P	V	J	Y	C
R	J	U	K	S	V	H	S	P	V	N	A	K	M	S	G	H	C	H
R	E	T	H	C	I	R	S	D	E	I	H	C	S	B	T	R	L	R
A	A	F	U	Z	I	R	X	G	Z	P	E	Y	Y	R	H	D	Z	I
E	G	M	U	B	N	B	U	G	N	F	F	R	A	J	B	E	X	T
E	L	A	Y	G	R	U	N	D	R	E	I	H	E	I	U	S	E	T

TRIPELBAUER
ENDE EINER PARTIE
PARTIEZETTEL
ABWICKLUNG
GRUNDREIHE

DOPPELSCHRITT
SCHIEDSRICHTER
DOPPELANGRIFF
SCHWEIZER SYSTEM
ENTWICKLUNG

Lösung

```
F L S R H X U B R I J O C R K A Y W K
F J Z N E T A K Z J Y T I A J N X Y Z
I N C E A B Q A O R E T Z R H H H Q B
R T H Z O I G S G E I B W Z F Q Z Z R
G J R E L P N U P U S M V J X N L E F
N X C S X A U C D A N U R R N I N E A
A X J Y L R L G A B Z F W P D I H H K
L D H S K T K Z K L H J B A E Y X R W
E T G T K I C O N E K H P R Y K A Z R
P H K E J E I X A P O V F T U S R C L
P K R M B O W Q A I P T C I Q M B X I
O J Y M W G B U B R E Z I E W H C S D
D M H N P I A A M T P R C Z A F D U O
B S Z O P V Y J R A U Z W E F B G E P
E N T W I C K L U N G K A T H U M Q P
B Q B L T I M H W G W L U T J K E H E
Y G D U R E N C V N W B C E G P W N L
E K G J Q Z E F J N A Z E L U P R A S
Y R N V S X M A V R U D D V P V J Y C
R J U K S V H S P V N A K M S G H C H
R E T H C I R S D E I H C S B T R L R
A A F U Z I R X G Z P E Y Y R H D Z I
E G M U B N B U G N F F R A J B E X T
E L A Y G R U N D R E I H E I U S E T
```

D	B	U	F	F	F	P	P	E	H	K	J	H	B	R	Z	K	A	U
C	K	Z	R	K	B	A	G	U	J	D	H	G	X	D	X	V	K	O
N	Y	Q	Y	M	A	N	N	S	C	H	A	F	T	O	Y	F	E	L
G	O	T	R	H	E	U	F	E	G	W	P	N	R	N	K	E	R	A
A	D	D	R	R	D	I	R	S	T	M	S	H	P	E	W	J	O	C
T	L	L	C	F	V	R	I	U	I	U	O	B	Y	I	D	Z	E	F
R	T	R	H	E	U	R	E	B	F	Z	M	O	G	S	U	B	F	Y
E	X	Y	M	A	Z	A	Y	L	P	S	W	E	T	O	T	Z	F	S
W	B	B	X	I	N	K	U	J	K	B	S	M	Q	G	Y	Q	N	Z
N	Y	C	S	I	M	U	L	T	A	N	S	P	I	E	L	C	U	R
A	G	I	L	S	E	D	N	U	B	H	C	A	H	C	S	D	N	O
V	Y	M	H	P	V	R	M	P	N	U	J	O	Z	J	L	X	G	V
V	E	G	K	W	D	A	P	Q	V	O	T	I	D	F	R	H	U	Q
V	I	D	T	M	T	O	S	T	S	K	A	V	Z	T	W	D	Z	I
S	A	G	C	T	P	S	M	T	Z	C	L	A	U	F	Z	I	U	M
Y	F	R	E	I	B	A	U	E	R	B	C	R	X	N	R	N	I	F
B	E	Q	G	H	M	Y	F	I	Y	G	D	C	W	R	H	M	C	Z
H	J	O	I	H	X	L	N	G	R	I	V	D	U	T	Z	Q	I	W
P	V	L	P	J	M	X	V	J	M	X	T	Z	P	R	L	A	Q	T
G	I	X	E	T	T	E	K	N	R	E	U	A	B	L	N	P	A	T
Q	A	I	L	Z	C	A	O	V	E	Q	Q	M	B	E	L	F	N	I
S	P	B	K	K	L	Y	U	U	V	F	L	T	R	Q	V	K	J	X
F	T	W	E	R	O	K	D	O	F	O	O	E	C	H	U	A	X	S
E	O	E	I	L	V	W	T	M	W	P	P	Q	T	E	X	M	L	H

BAUERNKETTE
WERT
FREIBAUER
GABEL
EWIGES MATT

SCHACHBUNDESLIGA
BERUEHRT GEFUEHRT
MANNSCHAFT
SIMULTANSPIEL
EROEFFNUNG

Lösung

D	B	U	F	F	F	P	P	E	H	K	J	H	B	R	Z	K	A	U
C	K	Z	R	K	B	A	G	U	J	D	H	G	X	D	X	V	K	O
N	Y	Q	Y	M	A	N	N	S	C	H	A	F	T	O	Y	F	E	L
G	O	T	R	H	E	U	F	E	G	W	P	N	R	N	K	E	R	A
A	D	D	R	R	D	I	R	S	T	M	S	H	P	E	W	J	O	C
T	L	L	C	F	V	R	I	U	I	U	O	B	Y	I	D	Z	E	F
R	T	R	H	E	U	R	E	B	F	Z	M	O	G	S	U	B	F	Y
E	X	Y	M	A	Z	A	Y	L	P	S	W	E	T	O	T	Z	F	S
W	B	B	X	I	N	K	U	J	K	B	S	M	Q	G	Y	Q	N	Z
N	Y	C	S	I	M	U	L	T	A	N	S	P	I	E	L	C	U	R
A	G	I	L	S	E	D	N	U	B	H	C	A	H	C	S	D	N	O
V	Y	M	H	P	V	R	M	P	N	U	J	O	Z	J	L	X	G	V
V	E	G	K	W	D	A	P	Q	V	O	T	I	D	F	R	H	U	Q
V	I	D	T	M	T	O	S	T	S	K	A	V	Z	T	W	D	Z	I
S	A	G	C	T	P	S	M	T	Z	C	L	A	U	F	Z	I	U	M
Y	F	R	E	I	B	A	U	E	R	B	C	R	X	N	R	N	I	F
B	E	Q	G	H	M	Y	F	I	Y	G	D	C	W	R	H	M	C	Z
H	J	O	I	H	X	L	N	G	R	I	V	D	U	T	Z	Q	I	W
P	V	L	P	J	M	X	V	J	M	X	T	Z	P	R	L	A	Q	T
G	I	X	E	T	T	E	K	N	R	E	U	A	B	L	N	P	A	T
Q	A	I	L	Z	C	A	O	V	E	Q	Q	M	B	E	L	F	N	I
S	P	B	K	K	L	Y	U	U	V	F	L	T	R	Q	V	K	J	X
F	T	W	E	R	O	K	D	O	F	O	O	E	C	H	U	A	X	S
E	O	E	I	L	V	W	T	M	W	P	P	Q	T	E	X	M	L	H

L	G	C	R	R	L	L	N	Q	W	A	Z	W	U	U	A	D	X	W
R	N	W	W	Y	E	F	H	T	S	Y	X	U	D	O	R	X	W	K
M	P	S	Z	L	S	C	A	S	B	C	I	P	A	A	T	I	D	H
S	D	W	Y	Q	Y	M	Z	T	I	P	Q	F	W	Y	H	K	C	D
R	K	B	I	E	L	O	Y	F	N	M	E	F	L	U	E	G	E	L
Z	R	A	S	W	A	J	R	T	T	R	E	D	D	I	Q	D	K	W
A	W	F	X	C	N	U	L	K	N	H	R	R	S	N	D	E	Z	N
Z	W	M	I	N	A	W	K	S	F	O	M	K	G	S	N	G	I	I
F	G	P	C	G	I	O	C	Y	H	W	B	Z	V	Q	I	U	L	Q
G	E	H	E	G	U	H	R	U	G	S	J	O	I	D	X	Z	M	K
G	J	L	W	B	A	R	N	R	O	M	Q	T	F	H	B	L	G	G
P	R	W	D	C	V	G	E	V	N	D	P	F	V	C	W	E	Z	N
L	P	X	H	W	B	F	J	N	C	M	G	P	N	C	S	S	R	U
K	N	P	E	U	C	X	Y	M	O	U	C	W	Z	E	A	S	B	K
I	X	Q	I	M	F	J	L	Y	X	P	Z	H	C	M	U	E	H	N
Y	F	L	N	E	T	D	L	V	T	M	F	H	M	J	W	U	N	E
I	O	N	I	P	N	L	V	M	D	H	V	E	T	Q	C	L	T	L
C	S	Y	L	Q	R	E	A	L	M	J	H	B	R	Z	W	H	I	B
C	Y	O	U	A	J	Y	F	J	K	P	K	T	T	I	N	C	A	A
I	Y	O	J	T	W	V	C	F	E	V	Q	P	A	W	B	S	V	V
M	K	D	V	H	S	L	G	Q	O	J	B	S	C	T	F	O	F	I
D	D	R	I	Z	H	D	C	X	F	I	S	X	R	C	P	P	Y	U
K	Y	H	U	L	S	A	T	U	Q	K	O	Q	Q	P	N	B	U	N
Y	O	W	H	J	B	H	X	I	C	H	X	P	S	B	W	A	J	C

ANALYSE
ABLENKUNG
SCHLUESSELZUG
DROHUNG
FELD
FIGURENOPFER
REMIS
OFFENE LINIE
FLUEGEL
FERNSCHACH

Lösung

L	G	C	R	R	L	L	N	Q	W	A	Z	W	U	U	A	D	X	W
R	N	W	W	Y	E	F	H	T	S	Y	X	U	D	O	R	X	W	K
M	P	S	Z	L	S	C	A	S	B	C	I	P	A	A	T	I	D	H
S	D	W	Y	Q	Y	M	Z	T	I	P	Q	F	W	Y	H	K	C	D
R	K	B	I	E	L	O	Y	F	N	M	E	F	L	U	E	G	E	L
Z	R	A	S	W	A	J	R	T	T	R	E	D	D	I	Q	D	K	W
A	W	F	X	C	N	U	L	K	N	H	R	R	S	N	D	E	Z	N
Z	W	M	I	N	A	W	K	S	F	O	M	K	G	S	N	G	I	I
F	G	P	C	G	I	O	C	Y	H	W	B	Z	V	Q	I	U	L	Q
G	E	H	E	G	U	H	R	U	G	S	J	O	I	D	X	Z	M	K
G	J	L	W	B	A	R	N	R	O	M	Q	T	F	H	B	L	G	G
P	R	W	D	C	V	G	E	V	N	D	P	F	V	C	W	E	Z	N
L	P	X	H	W	B	F	J	N	C	M	G	P	N	C	S	S	R	U
K	N	P	E	U	C	X	Y	M	O	U	C	W	Z	E	A	S	B	K
I	X	Q	I	M	F	J	L	Y	X	P	Z	H	C	M	U	E	H	N
Y	F	L	N	E	T	D	L	V	T	M	F	H	M	J	W	U	N	E
I	O	N	I	P	N	L	V	M	D	H	V	E	T	Q	C	L	T	L
C	S	Y	L	Q	R	E	A	L	M	J	H	B	R	Z	W	H	I	B
C	Y	O	U	A	J	Y	F	J	K	P	K	T	T	I	N	C	A	A
I	Y	O	J	T	W	V	C	F	E	V	Q	P	A	W	B	S	V	V
M	K	D	V	H	S	L	G	Q	O	J	B	S	C	T	F	O	F	I
D	D	R	I	Z	H	D	C	X	F	I	S	X	R	C	P	P	Y	U
K	Y	H	U	L	S	A	T	U	Q	K	O	Q	Q	P	N	B	U	N
Y	O	W	H	J	B	H	X	I	C	H	X	P	S	B	W	A	J	C

L	H	J	G	A	N	G	A	R	T	Y	X	C	C	V	S	R	X	X
Z	R	P	A	L	C	V	T	Y	R	B	Y	N	F	B	L	F	M	R
O	F	F	J	W	X	K	U	P	R	Z	Q	H	W	T	S	B	Z	B
M	C	G	M	M	L	D	J	I	G	S	D	D	S	D	P	Q	P	S
T	O	B	E	G	H	C	A	H	C	S	I	N	O	Y	G	P	T	C
P	C	Y	D	V	N	G	B	X	H	H	Q	U	R	E	G	C	S	H
G	B	D	L	E	V	V	L	R	K	Y	M	B	S	Z	W	C	L	L
H	F	Y	E	E	F	Y	W	C	D	F	T	H	P	G	H	A	M	A
V	K	E	D	O	D	P	G	C	P	A	N	C	P	A	E	J	G	G
D	J	A	X	B	H	D	T	T	R	Z	H	A	C	U	N	N	Y	E
R	E	T	X	X	O	I	E	B	B	A	Z	H	R	F	J	B	D	N
I	X	N	E	C	O	N	I	V	R	X	A	C	N	E	Z	F	K	X
Y	T	H	S	Y	D	T	G	M	Z	U	G	S	X	K	U	X	G	P
R	E	U	A	B	H	R	E	C	F	O	L	T	F	R	W	V	P	J
P	D	W	T	E	P	P	T	G	J	P	W	L	W	E	P	F	B	Y
X	H	K	L	W	G	W	A	V	S	M	N	E	Q	A	J	E	B	C
P	N	G	W	P	J	B	R	E	T	N	I	W	V	T	D	Y	T	R
C	V	J	T	O	E	S	T	H	S	P	B	T	P	S	H	S	C	W
T	K	Y	O	Q	Z	H	S	V	R	I	C	C	K	L	E	X	N	O
Z	M	A	I	B	E	R	T	P	D	K	A	T	I	E	E	Y	F	E
O	L	E	I	P	S	B	A	T	J	X	E	D	A	I	P	Q	B	S
N	V	Z	S	F	M	N	H	G	X	A	Q	M	D	P	C	C	C	X
O	O	H	J	D	Z	E	I	T	N	O	T	T	M	S	B	E	U	P
I	J	U	R	H	D	V	J	E	P	I	E	O	M	H	A	D	W	B

SPIELSTAERKE
SCHLAGEN
ZEITNOT
SCHACHAUFGABE
BAUER

WELTSCHACHBUND
STRATEGIE
SCHACHGEBOT
GANGART
ABSPIEL

Lösung

L H J G A N G A R T Y X C C V S R X X
Z R P A L C V T Y R B Y N F B L F M R
O F F J W X K U P R Z Q H W T S B Z B
M C G M M L D J I G S D D S D P Q P S
T O B E G H C A H C S I N O Y G P T C
P C Y D V N G B X H H Q U R E G C S H
G B D L E V V L R K Y M B S Z W C L L
H F Y E E F Y W C D F T H P G H A M A
V K E D O D P G C P A N C P A E J G G
D J A X B H D T T R Z H A C U N N Y E
R E T X X O I E B B A Z H R F J B D N
I X N E C O N I V R X A C N E Z F K X
Y T H S Y D T G M Z U G S X K U X G P
R E U A B H R E C F O L T F R W V P J
P D W T E P P T G J P W L W E P F B Y
X H K L W G W A V S M N E Q A J E B C
P N G W P J B R E T N I W V T D Y T R
C V J T O E S T H S P B T P S H S C W
T K Y O Q Z H S V R I C C K L E X N O
Z M A I B E R T P D K A T I E E Y F E
O L E I P S B A T J X E D A I P Q B S
N V Z S F M N H G X A Q M D P C C C X
O O H J D Z E I T N O T T M S B E U P
I J U R H D V J E P I E O M H A D W B

A	D	L	R	E	T	R	O	C	W	M	Z	T	H	R	K	I	P	B
B	E	I	R	T	E	B	L	E	I	P	S	J	E	A	P	C	G	X
N	O	W	W	F	O	R	S	P	U	V	H	H	O	U	L	C	I	T
G	Q	A	G	A	B	Z	U	G	S	S	C	H	A	C	H	L	S	C
I	C	M	T	A	R	A	X	G	M	L	J	I	G	D	P	C	T	H
O	L	Z	J	U	F	L	X	P	N	P	O	R	C	A	H	J	W	Z
N	B	N	J	V	X	W	J	P	K	E	Y	M	B	A	M	K	G	F
F	G	J	E	Y	D	T	X	G	M	D	A	R	C	O	Z	B	X	I
S	B	E	G	B	C	Q	N	J	S	I	I	H	W	E	U	I	I	E
F	R	D	T	M	G	J	B	S	I	F	P	A	K	P	H	N	S	T
O	W	I	E	W	I	Q	L	L	R	A	I	N	J	L	C	M	C	X
B	I	O	I	I	S	Z	L	E	R	R	W	Z	H	R	A	N	H	C
Q	L	W	S	I	N	I	M	T	B	H	F	U	Q	A	H	L	A	J
H	E	H	R	V	D	I	I	X	Z	S	X	G	T	L	C	F	C	F
I	P	B	G	Z	U	E	L	E	C	V	T	S	C	W	S	I	H	P
C	B	M	L	T	I	H	I	I	N	R	R	V	J	L	Z	W	U	K
W	W	J	A	A	L	N	G	J	V	V	U	O	Z	S	T	V	H	X
G	F	P	O	Z	V	X	U	I	N	Q	G	R	T	W	I	O	R	Q
U	F	N	T	J	R	L	K	W	I	Z	O	T	Q	H	L	Z	O	E
M	J	N	J	Y	Z	Z	Z	I	N	J	E	E	Z	I	B	E	L	M
Z	U	P	M	A	U	A	K	O	V	A	L	I	C	Q	K	K	G	B
B	C	M	V	P	E	T	R	Q	L	Q	K	L	F	D	N	G	S	N
H	Y	Q	R	Q	T	K	L	W	X	Y	I	V	P	S	H	L	P	D
C	G	A	C	U	R	S	R	S	R	S	Z	F	D	F	D	H	K	C

10

ABZUGSSCHACH
BLITZSCHACH
SPIELBETRIEB
SCHACHUHR
LINIE
GAMBIT
FIDE
SCHACHPARTIE
RETRO
ANZUGSVORTEIL

Lösung

A D L R E T R O C W M Z T H R K I P B
B E I R T E B L E I P S J E A P C G X
N O W W F O R S P U V H H O U L C I T
G Q A G A B Z U G S S C H A C H L S C
I C M T A R A X G M L J I G D P C T H
O L Z J U F L X P N P O R C A H J W Z
N B N J V X W J P K E Y M B A M K G F
F G J E Y D T X G M D A R C O Z B X I
S B E G B C Q N J S I I H W E U I I E
F R D T M G J B S I F P A K P H N S T
O W I E W I Q L L R A I N J L C M C X
B I O I I S Z L E R R W Z H R A N H C
Q L W S I N I M T B H F U Q A H L A J
H E H R V D I I X Z S X G T L C F C F
I P B G Z U E L E C V T S C W S I H P
C B M L T I H I I N R R V J L Z W U K
W W J A A L N G J V V U O Z S T V H X
G F P O Z V X U I N Q G R T W I O R Q
U F N T J R L K W I Z O T Q H L Z O E
M J N J Y Z Z Z I N J E E Z I B E L M
Z U P M A U A K O V A L I C Q K K G B
B C M V P E T R Q L Q K L F D N G S N
H Y Q R Q T K L W X Y I V P S H L P D
C G A C U R S R S R S Z F D F D H K C

B	Z	G	M	E	K	S	W	G	T	B	R	R	Z	Y	X	K	J	L
D	M	E	I	S	T	E	R	N	E	P	Z	L	D	W	E	W	Y	Y
G	B	Q	E	O	U	W	O	U	Q	Y	A	Y	L	Z	K	I	H	G
Y	P	Q	P	U	I	Z	M	N	Q	R	T	F	Y	M	N	B	X	P
X	C	B	X	W	L	R	D	D	X	F	D	A	S	S	I	R	U	E
R	R	O	N	T	U	C	B	R	Z	S	E	O	A	A	E	O	F	F
E	L	X	B	T	E	L	W	O	W	G	S	H	D	N	J	F	Y	R
L	K	M	B	N	C	V	F	R	W	Q	A	K	M	C	X	V	W	I
H	D	Z	M	D	N	G	Q	E	G	V	Q	Z	R	F	J	K	I	V
E	P	A	S	S	A	N	T	I	W	V	Z	D	Q	Z	B	H	I	Q
F	D	X	M	C	Q	O	L	N	L	Q	B	K	P	C	I	C	N	V
R	O	J	Z	H	J	U	F	R	L	P	Z	Y	H	Q	R	A	T	A
E	X	H	M	L	J	F	O	U	I	Z	O	T	Q	R	V	H	E	N
G	V	J	A	A	S	Q	T	T	L	Y	U	U	R	F	F	C	R	F
N	O	L	B	G	W	O	M	G	I	Y	D	C	J	X	M	S	N	X
I	Y	S	P	I	E	L	K	L	A	S	S	E	T	W	P	S	A	S
F	W	G	Y	D	J	K	R	E	F	P	O	M	R	U	T	F	T	W
M	X	B	X	G	M	T	P	H	D	L	U	F	Y	T	W	U	I	D
X	H	V	L	X	M	R	E	U	A	B	D	N	A	R	O	R	O	L
B	E	U	O	E	J	S	Y	J	I	X	I	S	E	Z	F	E	N	T
N	T	O	J	P	U	W	L	S	N	O	D	N	A	Z	D	B	A	B
X	R	R	K	U	F	F	N	K	E	K	K	O	B	O	N	W	L	E
H	E	B	N	H	Y	E	O	Y	N	E	F	Z	M	O	L	V	E	T
H	I	B	R	J	M	P	R	C	F	R	D	A	O	D	G	B	R	T

11

SPIELKLASSE
FINGERFEHLER
INTERNATIONALER MEISTER
TURNIERORDNUNG
RANDBAUER

BERUFSSCHACH
TURMOPFER
TURM
EN PASSANT SCHLAG
OPFER

Lösung

B	Z	G	M	E	K	S	W	G	T	B	R	R	Z	Y	X	K	J	L
D	M	E	I	S	T	E	R	N	E	P	Z	L	D	W	E	W	Y	Y
G	B	Q	E	O	U	W	O	U	Q	Y	A	Y	L	Z	K	I	H	G
Y	P	Q	P	U	I	Z	M	N	Q	R	T	F	Y	M	N	B	X	P
X	C	B	X	W	L	R	D	D	X	F	D	A	S	S	I	R	U	E
R	R	O	N	T	U	C	B	R	Z	S	E	O	A	A	E	O	F	F
E	L	X	B	T	E	L	W	O	W	G	S	H	D	N	J	F	Y	R
L	K	M	B	N	C	V	F	R	W	Q	A	K	M	C	X	V	W	I
H	D	Z	M	D	N	G	Q	E	G	V	Q	Z	R	F	J	K	I	V
E	P	A	S	S	A	N	T	I	W	V	Z	D	Q	Z	B	H	I	Q
F	D	X	M	C	Q	O	L	N	L	Q	B	K	P	C	I	C	N	V
R	O	J	Z	H	J	U	F	R	L	P	Z	Y	H	Q	R	A	T	A
E	X	H	M	L	J	F	O	U	I	Z	O	T	Q	R	V	H	E	N
G	V	J	A	A	S	Q	T	T	L	Y	U	U	R	F	F	C	R	F
N	O	L	B	G	W	O	M	G	I	Y	D	C	J	X	M	S	N	X
I	Y	S	P	I	E	L	K	L	A	S	S	E	T	W	P	S	A	S
F	W	G	Y	D	J	K	R	E	F	P	O	M	R	U	T	F	T	W
M	X	B	X	G	M	T	P	H	D	L	U	F	Y	T	W	U	I	D
X	H	V	L	X	M	R	E	U	A	B	D	N	A	R	O	R	O	L
B	E	U	O	E	J	S	Y	J	I	X	I	S	E	Z	F	E	N	T
N	T	O	J	P	U	W	L	S	N	O	D	N	A	Z	D	B	A	B
X	R	R	K	U	F	F	N	K	E	K	K	O	B	O	N	W	L	E
H	E	B	N	H	Y	E	O	Y	N	E	F	Z	M	O	L	V	E	T
H	I	B	R	J	M	P	R	C	F	R	D	A	O	D	G	B	R	T

M	V	I	I	A	D	T	F	K	W	L	L	Z	B	X	O	B	D	N
N	Y	O	P	C	F	S	F	W	M	R	R	V	X	G	O	W	G	P
T	Y	Y	E	I	M	M	T	W	R	L	D	F	X	L	E	P	L	D
F	H	O	D	C	H	Z	D	E	R	S	T	I	C	K	T	E	S	L
S	A	A	T	K	U	V	T	S	L	S	Z	W	Z	X	E	F	O	B
T	H	I	R	A	B	T	A	U	S	C	H	M	L	B	K	U	V	A
C	M	C	E	E	G	V	I	W	A	P	A	A	A	I	U	T	S	Y
S	D	J	E	H	D	N	P	T	W	T	J	T	E	X	H	L	C	N
X	R	N	G	U	U	N	Y	X	T	M	C	E	U	O	I	P	H	I
U	M	C	N	L	S	H	E	Q	A	K	Z	R	F	Z	I	W	A	V
Z	B	N	B	E	M	G	S	H	G	G	E	I	E	J	L	H	C	W
G	O	M	T	W	P	R	N	V	E	A	L	A	R	V	U	X	H	A
G	H	I	A	E	C	P	L	Q	V	I	Y	L	B	Q	C	O	B	F
N	S	Q	K	T	M	H	B	Z	I	G	Z	P	B	T	Z	G	L	U
W	J	G	V	T	W	V	G	N	W	V	J	H	Y	C	I	O	I	B
N	Q	R	B	K	G	F	J	O	W	D	R	H	C	V	E	F	N	S
Y	X	C	J	A	N	I	X	A	M	G	C	F	T	A	J	P	D	O
B	G	Y	R	M	C	F	M	C	Z	F	N	F	A	W	N	A	H	F
K	M	E	T	P	M	Y	H	U	P	X	O	Q	V	D	E	R	E	G
H	G	L	W	F	O	U	P	S	X	V	M	B	F	Z	L	T	I	H
I	P	O	O	D	A	Y	F	V	N	A	P	V	Q	I	C	I	T	Z
A	W	S	C	H	A	C	H	F	I	G	U	R	W	T	Z	E	L	Q
Z	V	Q	T	P	N	M	R	J	O	N	S	D	Q	E	R	T	V	E
D	M	A	K	I	D	U	E	Z	W	C	Q	W	Y	V	F	C	C	L

12

LAEUFER
DAME
SCHACHFIGUR
NACHZIEHENDER
PARTIE
ABTAUSCH
SCHACHBLINDHEIT
ERSTICKTES MATT
WETTKAMPF
MATERIAL

Lösung

M	V	I	I	A	D	T	F	K	W	L	L	Z	B	X	O	B	D	N
N	Y	O	P	C	F	S	F	W	M	R	R	V	X	G	O	W	G	P
T	Y	Y	E	I	M	M	T	W	R	L	D	F	X	L	E	P	L	D
F	H	O	D	C	H	Z	D	E	R	S	T	I	C	K	T	E	S	L
S	A	A	T	K	U	V	T	S	L	S	Z	W	Z	X	E	F	O	B
T	H	I	R	A	B	T	A	U	S	C	H	M	L	B	K	U	V	A
C	M	C	E	E	G	V	I	W	A	P	A	A	A	I	U	T	S	Y
S	D	J	E	H	D	N	P	T	W	T	J	T	E	X	H	L	C	N
X	R	N	G	U	U	N	Y	X	T	M	C	E	U	O	I	P	H	I
U	M	C	N	L	S	H	E	Q	A	K	Z	R	F	Z	I	W	A	V
Z	B	N	B	E	M	G	S	H	G	G	E	I	E	J	L	H	C	W
G	O	M	T	W	P	R	N	V	E	A	L	A	R	V	U	X	H	A
G	H	I	A	E	C	P	L	Q	V	I	Y	L	B	Q	C	O	B	F
N	S	Q	K	T	M	H	B	Z	I	G	Z	P	B	T	Z	G	L	U
W	J	G	V	T	W	V	G	N	W	V	J	H	Y	C	I	O	I	B
N	Q	R	B	K	G	F	J	O	W	D	R	H	C	V	E	F	N	S
Y	X	C	J	A	N	I	X	A	M	G	C	F	T	A	J	P	D	O
B	G	Y	R	M	C	F	M	C	Z	F	N	F	A	W	N	A	H	F
K	M	E	T	P	M	Y	H	U	P	X	O	Q	V	D	E	R	E	G
H	G	L	W	F	O	U	P	S	X	V	M	B	F	Z	L	T	I	H
I	P	O	O	D	A	Y	F	V	N	A	P	V	Q	I	C	I	T	Z
A	W	S	C	H	A	C	H	F	I	G	U	R	W	T	Z	E	L	Q
Z	V	Q	T	P	N	M	R	J	O	N	S	D	Q	E	R	T	V	E
D	M	A	K	I	D	U	E	Z	W	C	Q	W	Y	V	F	C	C	L

U	B	Q	F	B	T	M	Z	B	S	U	H	P	N	E	E	W	L	V
N	F	K	J	S	V	L	L	X	K	P	C	B	S	W	H	F	J	X
F	O	K	Z	Y	T	I	F	Q	H	J	W	V	H	F	X	N	I	S
C	D	U	F	W	Z	G	M	U	I	M	D	K	S	A	P	M	H	R
D	K	W	Z	E	L	Y	Z	J	R	C	B	R	B	A	N	D	G	O
T	N	T	O	Z	S	E	G	S	N	T	H	E	S	C	V	Y	S	C
K	I	U	F	Z	D	S	K	V	Z	F	R	S	Q	K	B	D	F	H
Y	V	A	B	J	D	K	E	K	K	L	C	R	N	V	X	U	S	A
N	Q	M	C	H	W	U	O	L	I	X	K	E	U	X	P	X	F	D
Z	D	T	T	A	C	X	Z	N	U	G	M	T	N	D	W	A	X	E
I	X	S	W	R	I	A	E	G	C	N	Q	S	I	E	Q	C	L	U
Q	C	Z	Q	Z	J	R	H	P	Y	O	G	I	R	U	V	W	X	W
H	M	P	H	E	V	V	I	C	X	S	J	E	J	T	X	E	O	D
E	H	Q	N	X	U	Z	M	J	S	A	C	M	Q	S	R	I	S	L
K	N	O	L	D	X	S	F	K	H	M	E	S	D	C	P	S	E	I
C	K	I	N	H	J	F	D	K	Y	J	J	S	U	H	R	S	N	Y
R	W	E	R	T	U	N	G	Q	C	I	Y	O	Z	E	A	I	I	M
E	F	H	J	D	C	G	O	P	S	E	C	R	F	R	U	I	E	S
G	I	R	E	F	P	O	N	E	M	A	D	G	M	V	F	V	L	C
N	O	U	B	N	C	T	N	G	Y	M	Q	N	W	J	G	E	K	L
I	R	C	N	G	R	P	V	D	O	P	P	E	L	B	A	U	E	R
R	W	X	I	I	B	U	G	J	A	P	I	Z	K	I	B	R	D	G
P	S	F	S	Q	R	W	P	T	G	O	J	O	Q	Q	E	E	N	S
S	A	H	L	R	Q	R	B	T	L	U	J	P	Q	E	S	K	L	B

BERLINER WERTUNG
AUFGABE
SPRINGER
FESSELUNG
GROSSMEISTER

DEUTSCHER SCHACHBUND
DOPPELBAUER
KLEINE ROCHADE
DAMENOPFER
WEISS

Lösung

U	B	Q	F	B	T	M	Z	B	S	U	H	P	N	E	E	W	L	V
N	F	K	J	S	V	L	L	X	K	P	C	B	S	W	H	F	J	X
F	O	K	Z	Y	T	I	F	Q	H	J	W	V	H	F	X	N	I	S
C	D	U	F	W	Z	G	M	U	I	M	D	K	S	A	P	M	H	R
D	K	W	Z	E	L	Y	Z	J	R	C	B	R	B	A	N	D	G	O
T	N	T	O	Z	S	E	G	S	N	T	H	E	S	C	V	Y	S	C
K	I	U	F	Z	D	S	K	V	Z	F	R	S	Q	K	B	D	F	H
Y	V	A	B	J	D	K	E	K	K	L	C	R	N	V	X	U	S	A
N	Q	M	C	H	W	U	O	L	I	X	K	E	U	X	P	X	F	D
Z	D	T	T	A	C	X	Z	N	U	G	M	T	N	D	W	A	X	E
I	X	S	W	R	I	A	E	G	C	N	Q	S	I	E	Q	C	L	U
Q	C	Z	Q	Z	J	R	H	P	Y	O	G	I	R	U	V	W	X	W
H	M	P	H	E	V	V	I	C	X	S	J	E	J	T	X	E	O	D
E	H	Q	N	X	U	Z	M	J	S	A	C	M	Q	S	R	I	S	L
K	N	O	L	D	X	S	F	K	H	M	E	S	D	C	P	S	E	I
C	K	I	N	H	J	F	D	K	Y	J	J	S	U	H	R	S	N	Y
R	W	E	R	T	U	N	G	Q	C	I	Y	O	Z	E	A	I	I	M
E	F	H	J	D	C	G	O	P	S	E	C	R	F	R	U	I	E	S
G	I	R	E	F	P	O	N	E	M	A	D	G	M	V	F	V	L	C
N	O	U	B	N	C	T	N	G	Y	M	Q	N	W	J	G	E	K	L
I	R	C	N	G	R	P	V	D	O	P	P	E	L	B	A	U	E	R
R	W	X	I	I	B	U	G	J	A	P	I	Z	K	I	B	R	D	G
P	S	F	S	Q	R	W	P	T	G	O	J	O	Q	Q	E	E	N	S
S	A	H	L	R	Q	R	B	T	L	U	J	P	Q	E	S	K	L	B

S	S	W	R	E	L	E	I	P	S	H	C	A	H	C	S	W	J	E
M	S	L	P	W	H	D	L	K	Q	K	Q	N	W	J	K	W	R	U
E	Q	K	P	A	R	T	I	E	F	O	R	M	U	L	A	R	U	L
B	J	F	H	J	S	W	M	G	E	U	U	B	B	M	H	U	X	X
K	S	L	G	T	X	Q	Z	S	U	S	X	L	Y	G	Z	L	G	K
C	X	K	G	J	T	H	Y	B	P	Z	P	T	Z	E	H	Z	W	E
N	G	D	V	Q	Z	E	I	A	H	I	E	O	Y	C	J	G	N	W
D	T	C	Y	C	E	A	R	H	C	E	E	B	Y	I	Q	O	U	U
C	N	O	V	D	N	F	E	B	A	E	O	L	A	W	P	N	N	B
U	E	H	I	L	T	W	J	N	H	S	M	T	S	G	H	B	W	H
Y	Y	I	A	N	R	R	T	E	C	S	A	B	R	T	B	J	G	V
I	U	A	D	E	U	Z	P	S	S	C	P	P	B	J	E	A	H	K
J	M	M	A	L	M	I	F	P	T	H	H	G	B	E	D	I	C	F
X	O	C	U	L	W	K	N	Z	F	A	H	T	G	G	G	F	N	V
R	D	P	E	E	Z	U	D	N	U	C	H	E	P	Y	D	F	C	N
Z	W	K	R	T	J	J	P	Y	L	H	J	Q	H	C	F	I	E	D
E	D	P	S	S	X	V	W	M	I	P	E	Z	Y	X	G	N	S	H
U	F	Q	C	R	L	M	V	B	E	R	N	P	H	W	C	M	V	Y
B	B	R	H	E	Q	T	J	W	R	O	X	U	M	T	F	Q	K	D
F	E	H	A	V	W	S	W	C	F	B	Q	D	H	F	X	M	V	K
G	C	S	C	E	A	H	A	N	L	L	R	J	V	K	W	S	C	I
L	I	H	H	V	W	D	O	Z	A	E	I	A	B	R	B	Q	X	U
J	G	Q	V	A	D	T	Q	E	G	M	R	P	C	N	N	R	W	P
A	E	T	F	P	M	Q	M	J	H	W	X	Y	U	W	Z	J	O	Z

DAUERSCHACH
PARTIEFORMULAR
SCHACHPROBLEM
SCHACHSPIELER
ABGABEZUG
BRETT
ZENTRUM
FREILUFTSCHACH
SPIELSTEIN
VERSTELLEN

Lösung

S	S	W	R	E	L	E	I	P	S	H	C	A	H	C	S	W	J	E
M	S	L	P	W	H	D	L	K	Q	K	Q	N	W	J	K	W	R	U
E	Q	K	P	A	R	T	I	E	F	O	R	M	U	L	A	R	U	L
B	J	F	H	J	S	W	M	G	E	U	U	B	B	M	H	U	X	X
K	S	L	G	T	X	Q	Z	S	U	S	X	L	Y	G	Z	L	G	K
C	X	K	G	J	T	H	Y	B	P	Z	P	T	Z	E	H	Z	W	E
N	G	D	V	Q	Z	E	I	A	H	I	E	O	Y	C	J	G	N	W
D	T	C	Y	C	E	A	R	H	C	E	E	B	Y	I	Q	O	U	U
C	N	O	V	D	N	F	E	B	A	E	O	L	A	W	P	N	N	B
U	E	H	I	L	T	W	J	N	H	S	M	T	S	G	H	B	W	H
Y	Y	I	A	N	R	R	T	E	C	S	A	B	R	T	B	J	G	V
I	U	A	D	E	U	Z	P	S	S	C	P	P	B	J	E	A	H	K
J	M	M	A	L	M	I	F	P	T	H	H	G	B	E	D	I	C	F
X	O	C	U	L	W	K	N	Z	F	A	H	T	G	G	G	F	N	V
R	D	P	E	E	Z	U	D	N	U	C	H	E	P	Y	D	F	C	N
Z	W	K	R	T	J	J	P	Y	L	H	J	Q	H	C	F	I	E	D
E	D	P	S	S	X	V	W	M	I	P	E	Z	Y	X	G	N	S	H
U	F	Q	C	R	L	M	V	B	E	R	N	P	H	W	C	M	V	Y
B	B	R	H	E	Q	T	J	W	R	O	X	U	M	T	F	Q	K	D
F	E	H	A	V	W	S	W	C	F	B	Q	D	H	F	X	M	V	K
G	C	S	C	E	A	H	A	N	L	L	R	J	V	K	W	S	C	I
L	I	H	H	V	W	D	O	Z	A	E	I	A	B	R	B	Q	X	U
J	G	Q	V	A	D	T	Q	E	G	M	R	P	C	N	N	R	W	P
A	E	T	F	P	M	Q	M	J	H	W	X	Y	U	W	Z	J	O	Z

K	R	H	F	E	G	M	F	P	K	C	H	C	B	L	G	B	O	K
G	Y	A	E	B	A	G	R	O	V	T	I	E	Z	N	T	Y	N	Z
I	Q	D	P	M	X	I	A	U	Y	H	X	R	U	P	C	I	D	S
Y	Q	I	G	E	J	N	Y	K	M	C	F	L	R	L	H	E	J	H
P	S	N	G	E	I	I	O	L	N	R	O	O	B	X	I	T	Y	S
G	N	B	Y	A	U	E	Y	U	E	H	V	X	A	N	J	H	E	M
L	H	L	B	Z	N	T	P	T	R	M	C	O	I	T	S	G	L	E
X	P	R	L	I	N	Y	R	E	L	E	L	L	C	H	C	B	N	S
N	S	C	G	H	U	O	D	P	X	P	W	G	N	O	H	T	E	F
F	B	D	H	G	S	E	L	N	C	F	F	G	F	Z	A	M	Z	S
R	G	O	M	C	I	J	W	P	G	E	N	O	Q	O	C	T	A	I
W	F	H	H	W	F	O	F	R	B	N	Z	C	P	E	H	G	G	V
S	S	A	G	C	Y	C	U	M	U	P	U	D	C	A	M	Z	R	A
N	C	U	M	L	B	L	F	Y	I	Y	N	K	X	M	A	H	S	L
H	Z	I	B	O	W	N	L	N	U	I	J	R	C	R	T	I	F	T
C	S	E	N	E	F	F	O	B	L	A	H	C	I	E	T	C	J	R
R	E	H	V	R	E	D	N	E	H	E	I	Z	N	A	D	Y	F	I
J	S	A	H	Q	X	J	S	B	V	W	M	H	X	O	U	H	R	M
Y	X	Y	H	F	N	P	S	F	G	A	R	H	U	O	F	K	C	J
A	P	J	F	N	C	F	T	M	W	F	M	M	T	W	S	A	E	I
N	K	U	G	Q	F	W	G	W	B	X	M	O	O	Y	J	V	M	O
H	C	A	H	C	S	T	E	L	L	U	B	M	J	N	D	F	B	W
L	B	C	Z	S	B	P	B	I	K	G	N	U	T	R	E	W	L	P
W	Z	L	X	Q	C	B	B	E	K	K	Q	X	M	I	Z	D	O	E

15

RETROSCHACH
ZUGWIEDERHOLUNG
ZEITVORGABE
KOENIG
SCHACHMATT
WERTUNG
HALBOFFENE LINIE
ANZIEHENDER
DECKUNG
BULLETSCHACH

Lösung

K	R	H	F	E	G	M	F	P	K	C	H	C	B	L	G	B	O	K
G	Y	A	E	B	A	G	R	O	V	T	I	E	Z	N	T	Y	N	Z
I	Q	D	P	M	X	I	A	U	Y	H	X	R	U	P	C	I	D	S
Y	Q	I	G	E	J	N	Y	K	M	C	F	L	R	L	H	E	J	H
P	S	N	G	E	I	I	O	L	N	R	O	O	B	X	I	T	Y	S
G	N	B	Y	A	U	E	Y	U	E	H	V	X	A	N	J	H	E	M
L	H	L	B	Z	N	T	P	T	R	M	C	O	I	T	S	G	L	E
X	P	R	L	I	N	Y	R	E	L	E	L	L	C	H	C	B	N	S
N	S	C	G	H	U	O	D	P	X	P	W	G	N	O	H	T	E	F
F	B	D	H	G	S	E	L	N	C	F	F	G	F	Z	A	M	Z	S
R	G	O	M	C	I	J	W	P	G	E	N	O	Q	O	C	T	A	I
W	F	H	H	W	F	O	F	R	B	N	Z	C	P	E	H	G	G	V
S	S	A	G	C	Y	C	U	M	U	P	U	D	C	A	M	Z	R	A
N	C	U	M	L	B	L	F	Y	I	Y	N	K	X	M	A	H	S	L
H	Z	I	B	O	W	N	L	N	U	I	J	R	C	R	T	I	F	T
C	S	E	N	E	F	F	O	B	L	A	H	C	I	E	T	C	J	R
R	E	H	V	R	E	D	N	E	H	E	I	Z	N	A	D	Y	F	I
J	S	A	H	Q	X	J	S	B	V	W	M	H	X	O	U	H	R	M
Y	X	Y	H	F	N	P	S	F	G	A	R	H	U	O	F	K	C	J
A	P	J	F	N	C	F	T	M	W	F	M	M	T	W	S	A	E	I
N	K	U	G	Q	F	W	G	W	B	X	M	O	O	Y	J	V	M	O
H	C	A	H	C	S	T	E	L	L	U	B	M	J	N	D	F	B	W
L	B	C	Z	S	B	P	B	I	K	G	N	U	T	R	E	W	L	P
W	Z	L	X	Q	C	B	B	E	K	K	Q	X	M	I	Z	D	O	E

D	A	Y	Y	L	Y	I	H	I	R	G	Z	U	W	Z	A	Y	Z	Y
S	Z	Q	Z	I	V	S	P	O	E	U	Z	T	E	O	F	F	X	V
R	J	Z	L	L	S	I	X	F	E	R	N	P	A	R	T	I	E	T
P	V	Y	D	U	L	U	Z	G	A	W	U	Q	M	V	J	F	T	G
T	T	G	Q	X	R	K	Z	X	K	U	M	J	O	Q	S	N	K	F
W	M	I	V	P	V	P	A	E	C	Z	T	I	B	E	I	K	I	Y
S	C	X	X	M	P	O	M	O	N	T	B	H	R	W	Z	F	O	I
X	Y	V	W	L	H	H	B	K	K	S	M	Y	H	Z	E	O	P	N
P	G	P	Z	M	G	V	R	J	J	I	V	E	Z	V	B	C	W	T
O	K	U	S	K	P	H	A	E	N	G	E	N	U	S	G	J	A	E
A	X	M	Z	S	A	E	T	S	C	H	E	I	N	O	P	F	E	R
E	F	L	A	B	M	T	F	J	P	Q	P	C	N	Z	N	T	W	Z
V	N	V	N	S	L	F	A	T	I	Z	V	N	G	B	S	B	P	O
R	C	W	I	I	K	A	Z	K	T	V	B	D	I	W	V	K	G	N
F	X	C	M	J	Q	F	H	T	T	G	O	G	R	A	Z	R	H	E
O	R	I	R	P	C	X	S	S	M	I	Q	Z	K	W	O	V	X	N
L	X	E	V	X	D	M	A	X	B	N	K	A	W	R	W	R	Z	T
C	O	Q	X	I	Y	T	I	A	T	U	H	L	E	N	T	V	W	U
N	W	I	T	S	J	A	U	W	Z	U	G	Z	W	A	N	G	E	R
N	A	U	S	G	L	E	I	C	H	H	H	V	E	R	Q	K	M	N
P	X	R	K	G	E	L	J	D	G	F	S	O	D	O	Z	G	G	I
S	P	O	Y	B	Q	X	D	S	U	Q	F	M	G	Q	T	T	I	E
U	C	L	X	A	H	W	S	A	D	I	A	G	O	N	A	L	E	R
Z	G	H	S	O	K	I	S	Y	L	G	O	Y	J	C	R	C	I	F

16

INTERZONENTURNIER
SCHEINOPFER
TAKTIK
KIEBITZ
HALBZUG

AUSGLEICH
DIAGONALE
ZUGZWANG
FERNPARTIE
HAENGEN

Lösung

D A Y Y L Y I H I R G Z U W Z A Y Z Y

S Z Q Z I V S P O E U Z T E O F F X V

R J Z L L S I X F E R N P A R T I E T

P V Y D U L U Z G A W U Q M V J F T G

T T G Q X R K Z X K U M J O Q S N K F

W M I V P V P A E C Z T I B E I K I Y

S C X X M P O M O N T B H R W Z F O I

X Y V W L H H B K K S M Y H Z E O P N

P G P Z M G V R J J I V E Z V B C W T

O K U S K P H A E N G E N U S G J A E

A X M Z S A E T S C H E I N O P F E R

E F L A B M T F J P Q P C N Z N T W Z

V N V N S L F A T I Z V N G B S B P O

R C W I I K A Z K T V B D I W V K G N

F X C M J Q F H T T G O G R A Z R H E

O R I R P C X S S M I Q Z K W O V X N

L X E V X D M A X B N K A W R W R Z T

C O Q X I Y T I A T U H L E N T V W U

N W I T S J A U W Z U G Z W A N G E R

N A U S G L E I C H H H V E R Q K M N

P X R K G E L J D G F S O D O Z G G I

S P O Y B Q X D S U Q F M G Q T T I E

U C L X A H W S A D I A G O N A L E R

Z G H S O K I S Y L G O Y J C R C I F

Q	R	R	S	Y	P	X	V	C	B	K	P	C	B	N	N	Z	A	O
D	F	I	P	O	X	V	H	W	E	H	X	Q	L	E	Y	R	T	B
W	V	Q	G	C	B	B	C	I	G	X	C	Z	S	I	D	H	R	E
Y	D	H	G	W	Z	I	A	V	U	U	P	J	C	B	Q	Y	W	R
X	A	K	L	N	G	V	H	A	Q	N	D	A	F	Z	I	L	H	A
Z	E	M	A	S	K	N	C	G	U	Q	J	U	R	I	V	J	R	T
J	K	V	O	B	W	D	S	L	F	L	M	X	I	V	A	N	J	U
U	X	G	G	M	A	A	M	X	E	P	Z	M	M	Z	R	B	S	N
M	B	X	Q	I	B	S	E	H	R	E	O	E	J	N	I	K	C	G
V	A	K	R	T	O	C	L	I	N	N	Z	A	D	E	A	C	H	S
U	U	J	E	T	C	H	B	P	S	P	M	Q	E	N	N	V	N	P
X	E	K	I	E	R	A	O	W	C	F	O	U	P	B	T	F	E	A
Q	R	P	N	L	Y	C	R	K	H	Q	M	Q	E	P	E	B	L	R
K	N	N	R	S	Q	H	P	Q	A	V	U	P	V	H	X	J	L	T
B	E	O	U	P	Y	S	H	T	C	Y	K	R	T	Y	B	I	S	I
O	N	I	T	I	L	E	D	W	H	J	Y	N	J	Y	W	O	C	E
O	D	G	N	E	S	R	E	Z	B	E	W	C	Y	J	D	Z	H	C
E	S	O	E	L	E	V	U	H	U	O	K	H	L	F	E	S	A	U
C	P	E	N	M	C	E	T	T	N	U	T	R	O	D	A	E	C	B
P	I	O	O	R	Y	R	S	T	D	C	Y	S	Z	N	H	Z	H	U
K	E	Z	Z	W	F	V	C	M	C	T	H	X	P	B	S	L	U	K
N	L	S	L	I	D	Y	H	K	T	L	E	I	P	S	D	N	E	E
V	Q	N	W	L	R	R	E	J	G	C	Y	I	U	S	V	M	I	S
K	Z	A	D	F	Q	T	R	G	H	A	U	G	M	U	G	Z	X	J

17

ZONENTURNIER
BAUERNENDSPIEL
MITTELSPIEL
DEUTSCHER FERNSCHACHBUND
BERATUNGSPARTIE
SCHNELLSCHACH
VARIANTE
SCHACHSERVER
PROBLEMSCHACH
ENDSPIEL

Lösung

Q R R S Y P X V C B K P C B N N Z A O
D F I P O X V H W E H X Q L E Y R T B
W V Q G C B B C I G X C Z S I D H R E
Y D H G W Z I A V U U P J C B Q Y W R
X A K L N G V H A Q N D A F Z I L H A
Z E M A S K N C G U Q J U R I V J R T
J K V O B W D S L F L M X I V A N J U
U X G G M A A M X E P Z M M Z R B S N
M B X Q I B S E H R E O E J N I K C G
V A K R T O C L I N N Z A D E A C H S
U U J E T C H B P S P M Q E N N V N P
X E K I E R A O W C F O U P B T F E A
Q R P N L Y C R K H Q M Q E P E B L R
K N N R S Q H P Q A V U P V H X J L T
B E O U P Y S H T C Y K R T Y B I S I
O N I T I L E D W H J Y N J Y W O C E
O D G N E S R E Z B E W C Y J D Z H C
E S O E L E V U H U O K H L F E S A U
C P E N M C E T T N U T R O D A E C B
P I O O R Y R S T D C Y S Z N H Z H U
K E Z Z W F V C M C T H X P B S L U K
N L S L I D Y H K T L E I P S D N E E
V Q N W L R R E J G C Y I U S V M I S
K Z A D F Q T R G H A U G M U G Z X J

H	I	V	R	J	U	D	R	R	U	O	Y	P	Y	Q	D	T	X	O
A	P	K	M	O	P	Q	V	B	Q	I	S	K	V	H	M	P	X	T
E	L	L	O	R	T	N	O	K	T	I	E	Z	P	Y	V	N	M	Z
K	Q	W	Z	S	R	S	U	Q	Q	E	P	U	J	J	B	N	I	R
X	I	S	O	M	F	V	A	D	K	C	F	Z	J	N	W	F	A	B
D	A	M	E	N	S	C	H	A	C	H	E	O	P	V	S	J	F	M
S	Z	Q	H	G	N	J	J	T	G	Y	M	M	T	X	Y	O	X	A
V	B	R	W	Q	U	A	L	I	F	I	K	A	T	I	O	N	Z	P
H	P	B	E	D	E	N	K	Z	E	I	T	H	A	C	W	W	J	L
L	H	A	Z	S	G	N	U	T	R	E	W	V	L	D	S	T	B	O
G	N	U	T	I	E	R	H	C	S	R	E	B	E	U	T	I	E	Z
G	B	X	W	R	E	T	U	P	M	O	C	H	C	A	H	C	S	U
J	N	A	S	N	D	E	V	K	W	F	G	D	X	Q	V	R	U	H
X	C	U	U	U	Q	N	G	Q	D	E	O	P	V	R	Z	E	G	D
E	C	G	L	E	D	V	E	A	P	W	H	K	R	S	J	H	C	A
P	Q	C	B	L	R	D	K	A	N	E	J	Q	C	G	Q	X	Y	H
P	P	M	V	H	E	N	E	N	T	S	D	E	W	E	X	P	Y	M
K	W	P	N	M	Z	T	O	J	G	V	P	A	R	O	N	Q	Q	P
N	Q	H	Z	N	F	Z	S	P	Q	D	Y	Z	H	A	Y	P	S	C
O	T	X	V	F	O	G	L	D	F	V	G	B	S	C	Z	O	O	T
J	T	A	S	F	A	O	F	K	N	E	G	U	Y	D	O	S	O	R
N	R	M	M	F	O	W	H	T	S	U	R	X	X	W	T	R	V	U
H	X	R	G	E	Y	G	D	O	Z	M	R	V	U	N	S	P	R	J
Z	E	Y	E	S	S	O	R	G	V	J	F	G	H	Q	Q	L	G	Q

ZEITUEBERSCHREITUNG	WERTUNGSZAHL
SCHACHCOMPUTER	ZEITKONTROLLE
DAMENSCHACH	QUALIFIKATION
BEDENKZEIT	GROSSE ROCHADE
GRUNDSTELLUNG	BAUERNOPFER

Lösung

H	I	V	R	J	U	D	R	R	U	O	Y	P	Y	Q	D	T	X	O
A	P	K	M	O	P	Q	V	B	Q	I	S	K	V	H	M	P	X	T
E	L	L	O	R	T	N	O	K	T	I	E	Z	P	Y	V	N	M	Z
K	Q	W	Z	S	R	S	U	Q	Q	E	P	U	J	J	B	N	I	R
X	I	S	O	M	F	V	A	D	K	C	F	Z	J	N	W	F	A	B
D	A	M	E	N	S	C	H	A	C	H	E	O	P	V	S	J	F	M
S	Z	Q	H	G	N	J	J	T	G	Y	M	M	T	X	Y	O	X	A
V	B	R	W	Q	U	A	L	I	F	I	K	A	T	I	O	N	Z	P
H	P	B	E	D	E	N	K	Z	E	I	T	H	A	C	W	W	J	L
L	H	A	Z	S	G	N	U	T	R	E	W	V	L	D	S	T	B	O
G	N	U	T	I	E	R	H	C	S	R	E	B	E	U	T	I	E	Z
G	B	X	W	R	E	T	U	P	M	O	C	H	C	A	H	C	S	U
J	N	A	S	N	D	E	V	K	W	F	G	D	X	Q	V	R	U	H
X	C	U	U	U	Q	N	G	Q	D	E	O	P	V	R	Z	E	G	D
E	C	G	L	E	D	V	E	A	P	W	H	K	R	S	J	H	C	A
P	Q	C	B	L	R	D	K	A	N	E	J	Q	C	G	Q	X	Y	H
P	P	M	V	H	E	N	E	N	T	S	D	E	W	E	X	P	Y	M
K	W	P	N	M	Z	T	O	J	G	V	P	A	R	O	N	Q	Q	P
N	Q	H	Z	N	F	Z	S	P	Q	D	Y	Z	H	A	Y	P	S	C
O	T	X	V	F	O	G	L	D	F	V	G	B	S	C	Z	O	O	T
J	T	A	S	F	A	O	F	K	N	E	G	U	Y	D	O	S	O	R
N	R	M	M	F	O	W	H	T	S	U	R	X	X	W	T	R	V	U
H	X	R	G	E	Y	G	D	O	Z	M	R	V	U	N	S	P	R	J
Z	E	Y	E	S	S	O	R	G	V	J	F	G	H	Q	Q	L	G	Q